"十四五"国家重点出版物出版规划项目

转型时代的中国财经战略论丛

转型时代的文学镜像

——20世纪末中国市民小说研究

The Literary Reflection of the Transitional Period:
A Study of Chinese Citizen Novels at the End of the 20th Century

王丽霞 著

中国财经出版传媒集团
经济科学出版社
Economic Science Press

图书在版编目（CIP）数据

转型时代的文学镜像：20 世纪末中国市民小说研究/王丽霞著. —北京：经济科学出版社，2021.10
（转型时代的中国财经战略论丛）
ISBN 978 – 7 – 5218 – 3017 – 0

Ⅰ.①转… Ⅱ.①王… Ⅲ.①市民文学 – 小说 – 文学研究 – 中国 – 20 世纪 Ⅳ.①I207.42

中国版本图书馆 CIP 数据核字（2021）第 225957 号

责任编辑：于 源 陈 晨
责任校对：靳玉环
责任印制：范 艳

转型时代的文学镜像
——20 世纪末中国市民小说研究

王丽霞 著

经济科学出版社出版、发行 新华书店经销
社址：北京市海淀区阜成路甲 28 号 邮编：100142
总编部电话：010 – 88191217 发行部电话：010 – 88191522
网址：www.esp.com.cn
电子邮箱：esp@esp.com.cn
天猫网店：经济科学出版社旗舰店
网址：http://jjkxcbs.tmall.com
北京季蜂印刷有限公司印装
710 × 1000 16 开 10 印张 160000 字
2021 年 12 月第 1 版 2021 年 12 月第 1 次印刷
ISBN 978 – 7 – 5218 – 3017 – 0 定价：42.00 元
(图书出现印装问题，本社负责调换。电话：010 – 88191510)
(版权所有 侵权必究 打击盗版 举报热线：010 – 88191661
QQ：2242791300 营销中心电话：010 – 88191537
电子邮箱：dbts@esp.com.cn)

总　序

转型时代的中国财经战略论丛

《转型时代的中国财经战略论丛》是山东财经大学与经济科学出版社合作推出的"十三五"系列学术著作，现继续合作推出"十四五"系列学术专著，是"'十四五'国家重点出版物出版规划项目"。

山东财经大学自2016年开始资助该系列学术专著的出版，至今已有5年的时间。"十三五"期间共资助出版了99部学术著作。这些专著的选题绝大部分是经济学、管理学范畴内的，推动了我校应用经济学和理论经济学等经济学学科门类和工商管理、管理科学与工程、公共管理等管理学学科门类的发展，提升了我校经管学科的竞争力。同时，也有法学、艺术学、文学、教育学、理学等的选题，推动了我校科学研究事业进一步繁荣发展。

山东财经大学是财政部、教育部、山东省共建高校，2011年由原山东经济学院和原山东财政学院合并筹建，2012年正式揭牌成立。学校现有专任教师1688人，其中教授260人、副教授638人。专任教师中具有博士学位的962人。入选青年长江学者1人、国家"万人计划"等国家级人才11人、全国五一劳动奖章获得者1人，"泰山学者"工程等省级人才28人，入选教育部教学指导委员会委员8人、全国优秀教师16人、省级教学名师20人。学校围绕建设全国一流财经特色名校的战略目标，以稳规模、优结构、提质量、强特色为主线，不断深化改革创新，整体学科实力跻身全国财经高校前列，经管学科竞争力居省属高校领先地位。学校拥有一级学科博士点4个，一级学科硕士点11个，硕士专业学位类别20个，博士后科研流动站1个。在全国第四轮学科评估中，应用经济学、工商管理获B+，管理科学与工程、公共管理获B-，B+以上学科数位居省属高校前三甲，学科实力进入全国财经高校前十。工程学进入 ESI 学科排名前 1%。"十三五"期间，我校聚焦内涵式发展，全面实施了科研强校战略，取得了一定成绩。获批国家级课题项目 172 项，教育部及其他省部级课题项目 361 项，承担各级各类横向课题 282 项；教师共发表高水平学术论文 2800 余篇，出版著作 242 部。同时，新增了山东省重点实验室、省重点新型智库和研究基地等科研平台。学校的发展为教师从事科学研究提供了广阔的平台，创造了更加良好的学术生态。

"十四五"时期是我国由全面建成小康社会向基本实现社会主义现代化迈进的关键时期，也是我校进入合校以来第二个十年的跃升发展期。2022 年也将迎来建校 70 周年暨合并建校 10 周年。作为"十四五"国家重点出版物出版规划项目，《转型时代的中国财经战略论丛》将继续坚持以马克思列宁主义、毛泽东思想、邓小平理论、"三个代表"重要思想、科学发展观、习近平新时代中国特色社会主义思想为指导，结合《中共中央关于制定国民经济和社会发展第十四个五年规划和二〇三五年远景目标的建议》以及党的十九届六中全会精神，将国家"十四五"期间重大财经战略作为重点选题，积极开展基础研究和应用研究。

与"十三五"时期相比，"十四五"时期的《转型时代的中国财经战略论丛》将进一步体现鲜明的时代特征、问题导向和创新意识，着力推出反映我校学术前沿水平、体现相关领域高水准的创新性成果，更好地服务我校一流学科和高水平大学建设，展现我校财经特色名校工程建设成效。通过对广大教师进一步的出版资助，鼓励我校广大教师潜心治学，扎实研究，在基础研究上密切跟踪国内外学术发展和学科建设的前沿与动态，着力推进学科体系、学术体系和话语体系建设与创新；在应用研究上立足党和国家事业发展需要，聚焦经济社会发展中的全局性、战略性和前瞻性的重大理论与实践问题，力求提出一些具有现实性、针对性和较强参考价值的思路和对策。

山东财经大学校长
2021 年 11 月 30 日

目　录

转型时代的中国财经战略论丛

第1章　绪论 …………………………………………………… 1
　1.1　相关概念界定 …………………………………………… 1
　1.2　研究现状述评 …………………………………………… 7
　1.3　研究内容与研究意义 …………………………………… 8

第2章　历史源流：不同时空中的市民小说 ………………… 9
　2.1　宋元明清时期：缘起与成型 …………………………… 9
　2.2　20世纪初：改良与过渡 ……………………………… 11
　2.3　20世纪20～40年代：转型与发展 …………………… 12
　2.4　20世纪80年代：复兴与繁荣 ………………………… 15

第3章　写作语境：社会与文化的世俗化变迁 ……………… 18
　3.1　现代市民社会的崛起 ………………………………… 21
　3.2　消费性文化语境的生成 ……………………………… 26

第4章　主题话语：日常生存哲学的阐释与张扬 …………… 39
　4.1　日常生活的重新发现与价值阐释 …………………… 40
　4.2　凡人话语的平民化建构 ……………………………… 48
　4.3　婚恋本质的世俗化还原 ……………………………… 61
　4.4　物质诉求的多元化书写 ……………………………… 67

第5章 市民形象谱系：凡人面貌的真实书写 …… 75

    5.1 彰显务实禀性的普通市民 …… 76

    5.2 专注个人成功的职业白领 …… 82

    5.3 放纵感性欲望的都市另类 …… 90

    5.4 勇于闯荡都市的新式移民 …… 97

第6章 叙事追求：可读性文本的倾力打造 …… 101

    6.1 故事传统的现代演绎 …… 102

    6.2 趋同大众趣味的叙事策略 …… 107

    6.3 伸张感性品格的叙事语言 …… 116

第7章 意义与局限：20世纪末市民小说的价值评判 …… 132

    7.1 20世纪末市民小说的文学史价值 …… 132

    7.2 20世纪末市民小说的局限与不足 …… 138

参考文献 …… 145

后记 …… 153

第1章 绪　　论

1.1　相关概念界定

1.1.1　"市民"的概念

由于社会发展历史、经济结构、政治文化制度的差异，在不同历史发展阶段和不同社会文化语境中，市民的内涵和外延也有所不同，因此，《辞海》中对于"市民"概念的界定不只一条：(1) 在古罗马，指享有公民权的罗马人，以别于没有公民权的外来移民。(2) 指中世纪欧洲城市的居民。因商品交换的迅速发展和城市的出现而形成。包括手工业者和商人等。反对封建领主，要求改革社会经济制度。十七八世纪，随着资本主义生产方式的形成和发展，市民逐步分化为资产阶级、无产阶级、小资产阶级和城市贫民。(3) 泛指住在城市的本国公民。按《辞源》的解释，市民即"城市居民"。其中前两条释义涉及了西方社会中"市民"内涵和外延的历史演变过程；第二条释义则是通常的、广义的"市民"概念，即市民就是"城市居民"。

虽然在最宽泛的意义上，"市民"即"城市居民"，居住在城市中的所有居民，无论贵贱贫富、不分社会等级均为"市民"，但是，无论是在学术研究领域还是通常的社会观念中，"市民"都是一个特定称谓，有着独特的内涵与确定的外延。"市民"即"城市居民"这一宽泛的概念无疑会抹杀市民作为一个独立的城市社会阶层所独有的价值观念、文化趣味、生活方式、生存形态等诸多社会、经济和文化特性，导致"市民"概念的浮泛与不确定性。例如，如果说"市民"即"城市居民"，那么，在封建时代，皇室贵族、文人士大夫理所当然属于"市民"。但事实上，无论是在通常的观念里，还是在学理层面，若从政治地位、生存方式、价值观念、文化趣味等层面综合考量，皇室贵族、文人士大夫都不属于市民阶层。

市民以及市民社会理论源于西方。从黑格尔、马克思到葛兰西、哈贝马斯，西方市民社会理论不断发展、完善。黑格尔认为市民社会是与政治国家相分离的独立领域，马克思则进一步从物质交往的角度发展了这一概念，认为"市民社会包括各个个人在生产力发展的一定阶段上的一切物质交往。它包括该阶段上的整个商业生活和工业生活"，"这一名称始终标志着直接从生产和交往中发展起来的社会组织"。①

但是，中国城市的发展道路与西方并不相同，这也决定了"中国的市民阶层，其形成的历史，以及在社会结构中的位置与欧洲资本主义国家有显著的不同"②。社会学、历史学领域的中国学者们普遍承认近代中国的市民社会与强调国家与社会二元对立的近代欧洲市民社会模式存在着根本差异③。

换言之，中国市民阶层有自身的形成发展历史和文化特色，"中国市民自有其独特的生存方式、生活内容、文化价值观念、审美心理特质"④。这些因素影响和决定着中国市民小说的独特风貌。所以，我们绝对不能简单地挪用甚至生搬硬套西方的市民和市民社会理论来界定中国的"市民"、阐释中国的"市民小说"，以免产生更多的模糊认识和种种歧义。

市民是一个历史的概念，随着城市的发展而不断发展变化。既然如此，我们就直接绕过各种纷繁复杂、分歧丛生的概念，结合中国城市和市民的发展历史阐明中国"市民"的内涵与外延。

最早，中国的"城"与"市"是分离的。"城"最初是在人群聚居

---

① 《马克思恩格斯选集》第1卷，人民出版社1972年版，第43页。
② 赵园：《老舍——北京市民社会的表现者与批判者》，引自王晓明主编：《20世纪中国文学史论》（第二卷），东方出版中心1997年版，第320页。
③ 张志东：《中国学者关于近代中国市民社会问题的研究：现状与思考》，载于《近代史研究》1998年第2期，第297~305页。
④ 肖佩华：《市井意识与中国当代市民小说》，河南大学博士学位论文，2006年，第34页。

地兴建的、具有军事防御功能的墙垣；而"市"则是贸易场所，是集中进行商品买卖的地方。《盐铁论·本议》中就有关于"市"的具体记载："市朝以一其求，致士民，聚万货，农商工师，各得所欲，交易而退。"后来，"城"与"市"逐渐结合变为城市。"城"与"市"的结合主要有两条路径：一是为了满足城中居民的消费需要以及手工生产的需要，在"城"中设立市场；二是为了贸易管理和交易安全的需要，"市"逐渐迁移到"城"中。城市形成之后，在相当长的历史时期内，"市"的作用不大，城市最突出的依然是作为"城"的政治和军事功能。

作为一个特定的城市社会群体，"市民"的形成与发展依赖于"市"。市民即是随着城市中商品经济的发展而形成和壮大，脱离了土地、专以交换为谋生手段，通过交换获取生活资料的城市居民。"在成熟的市场经济出现以前的时代，尽管市民社会作为一个整体的社会尚未出现，但是，这并不意味着作为市民社会内容的'商业生活'和'工业生活'就不存在，只是在整个社会生活中，'整个的商业生活和工业生活'所占的比重还比较小，还不足以成为一个统摄全社会的'需要的体系'而已。"① 即是说，虽然随着城市的出现，已经有了市民，但是市民成为一个独立的社会阶层需要商品经济发展到比较成熟的阶段。有学者认为"北宋初期在民户中将坊郭户和乡村户区分开来，以户籍形式将全国普通居民分为城市居民和乡村居民，坊郭户的单独列籍定等是中国历史上市民阶层兴起的标志。"② 这也是在学术界达成一定共识的观点。北宋时期，由于商品经济的发达，城市的经济功能大大增强，"坊""市"制度取消后，"市"的领域大大扩张。同时，手工业者与商人队伍壮大，并基于职业需要和共同的经济利益诉求而结成行会这样的利益群体，在城市经济生活中发挥着重要的作用。由此，一个建立在商品经济发展基础上的、以商人和手工业者为主体、包括以各种技艺谋生的三教九流、五行八作、落魄文人、底层小吏等在内的庞大社会阶层——市民阶层趋于形成，并在明清时期随着城市与商品经济的发展缓慢壮大。

---

① 王新生：《现代市民社会概念的形成》，载于《南开学报》2000年第3期，第22~27页。

② 谢桃坊：《中国市民文学史》，四川人民出版社1997年版，第8页。

中国传统社会的市民在社会地位、价值观念、文化趣味等方面具有自己的特色。由于中国古代一直实行重农抑商的政策，自然经济而非商品经济占据主导地位。因此，以工商业者为主体的市民阶层发展非常缓慢，社会地位不高，不仅与贵族、士大夫阶层有云泥之别，也远低于同为"四民"的士人、农民等社会阶层，在国家政治生活中一直居于边缘地位，没有像西方那样发展成为独立自治的阶级。尽管如此，市民阶层依然以自己的方式参与着封建时代中国社会文化的发展。就价值观念来说，封建时代的中国市民一方面注重实际、追求酒色财气等感性欲望的满足；另一方面，由于中国传统社会是乡土社会，因此，市民的思想观念又与乡土文化、传统道德有着密切的联系。从宋元到明清，市民阶层在历史发展中逐渐形成了自己的文化趣味，创造了自己的文化。因此，市民不仅是一个社会学概念，也是一个文化概念。市民文化是适应市民阶层的文化消费需求产生的，内容通俗，注重为市民阶层提供消遣、娱乐。通俗化、娱乐化、商业化是市民文化的鲜明特征，因此，市民文化属于俗文化的范畴。文化具有阶层区隔的作用。市民文化让市民阶层在传统社会与权贵阶层、士人阶层、农民阶层区别开来，在现代社会则与精英知识分子、农民有了鲜明的分野。

作为城市和商品经济发展的产物，市民必然随着城市和商品经济的发展而不断发展和变化，市民的价值观念与文化形态也会因此不断发展变化。

近代以来，在沿海地区的城市特别是在上海这样的繁华大都市，逐渐形成了与封建社会截然不同的近代市民群体。近代市民是近代工商业和资本主义发展的产物。有学者将近代上海市民分为四个层次：一是资本家，主要来源于买办、进出口贸易商以及本籍和外地移居的绅商。二是职员，主要包括凭借新式职业谋生的市民阶层、旧式职业从业人员以及20世纪20年代以后成批纳入各种社会职业当中的接受过近代教育的青年职员。三是产业工人，主要来源于农民，这是一个由乡民汇集而成的市民群体，带有较多的乡民色彩。四是苦力，主要指苏北逃荒来沪的农民。[①] 到了20世纪30年代，上海的工商业快速发展，以庞大的职员阶层为主体，包括教员、中小商人、记者等内在的中产阶层成为市民社

---

① 陶鹤山：《市民群体与制度创新——对中国现代化主体的研究》，南京大学出版社2001年版，第62~63页。

会的中坚力量。他们的职业、收入、生活方式、阶层地位都被纳入资本主义工商业的运作机制，从而脱离了农耕文明的影响形成了注重个人利益、讲究实用，追求功利和生活享受的价值观念。中产阶层的价值观念和文化趣味通过流动性的社会生活和广泛的社会交往逐渐向产业工人渗透和扩散，使其逐渐脱离乡土文化的影响，从生活方式、思想观念、文化习性逐渐真正融入城市社会、转变成为真正的市民群体。

由于政治经济文化等各种原因，20世纪50年代至70年代，市民不再是一个具有独特阶层属性和特定社会文化含义的阶层，而是和农民一样，作为国家公民而存在。直至20世纪80年代末，随着改革开放的深入发展，中国的城市化进程重新启动，市民阶层才随之再次出现。20世纪90年代以来，随着市场经济和城市化进程的快速发展，市民阶层不断发展和壮大，其层次也不断分化，形成了不同的市民群体，现代意义的市民社会趋于形成。

1.1.2 何为"市民小说"

市民小说以市民阶层及其生活为表现对象，其形成和发展依托于市民阶层的发展和壮大。因此，市民阶层的发展变化必然引发市民小说的发展变化。

市民小说起源于宋元说话，而说话原本就是市民文化的重要组成部分。在漫长的历史发展过程中，市民小说不断发展变化，逐渐形成了自身的叙事规范，成为一个独立的与其他小说相区别的文学类型。古往今来，人们普遍认定的市民小说通常具有这样几个特征：一是以基本写实的笔触描写市民的日常生活、生存状态，以及市民置身其中的市民社会的人情世态、习俗风物，表现市民阶层的价值观念、思想情感，展现市民阶层的精神风貌，体现了世俗关怀的姿态，具有一定的世俗化倾向和特征。二是通常具有明显的市民本位意识，始终把人物形象置于市民社会结构中进行观照和描写。即是说，市民小说在刻画人物形象时，着重凸显的是其作为某一类市民的社会文化身份、生活方式、价值观念、文化情趣和人格特征，而非带有明显文化色彩的其他社会身份和文化人格。三是主题的非政治化。市民小说一般通过描写世俗性的市民生活来表达某种文化思考或价值诉求，极少表达重大政治主题。四是具有某种程度的世俗性特征。世俗性作为一个学术概念，不是一般所谓的"庸俗""俗气"。在学术研究领域，世俗性是世俗化的结果、特征与属性，具有"非神圣性"的本源含义，在中国这种缺乏宗教专制统治的国家，在现代化与市场经济语境中，世俗性表现为现实性、理性化和大众性①。市民的生活以日常生活为主体。市民文化本就是一种从世俗化的日常生活中滋生、发展起来的俗文化，它立足日常生活来构建市民的价值观，注重现实利益与生活享受。因为以世俗化的市民生活与市民文化为审美表现对象，所以市民小说总是具有某种程度的世俗性。由于不同时代的社会文化语境的巨大影响与制约，也由于作家们对市民生活与市民文化的理解、情感、价值评判和书写角度不同，世俗性在不同作家笔下的风貌、内涵也各有不同。五是能够在一定程度上把具有时代特征的市民社会结构和文化形态呈现出来。

1.1.3 "20世纪末"

在本书中，"20世纪末"是指从20世纪80年代末至20世纪90年代这一历史时期。之所以如此界定时间起始界限，是源于社会经济和文学创作两个方面的现实依据。1987年，党的十三大提出"社会主义有计划商品经济的体制应该是计划与市场内在统一的体制"的观点。此时，市场经济因素已经在社会生活中萌发，比如出现了个体户。1992年，党的十四大正式确立"我国经济体制改革的目标是建立社会主义市场经济体制"，此后市场经济蓬勃发展，带来了城市社会阶层结构与社会文化语境的巨大变化。在文学层面，20世纪80年代后期，池莉、王朔等重要作家的市民生活题材小说与此前的市井风情小说已经有了显著的不同。进入20世纪90年代，由于市场经济的发展及由此带来的市民阶层的壮大、消费性文化语境的生成，市民小说更是呈现出鲜明的时代风貌。

---

① 吴忠民：《世俗化与中国的现代化》，载于《清华大学学报（哲学社会科学版）》2002年第2期，第162~181、198页。

1.2 研究现状述评

20世纪末市民小说一直是学术界的研究热点。学者们从不同角度对其进行了周到考察和深入研究，取得了相当丰硕的成果。现有成果主要集中在如下几方面：

一是将20世纪末的一些市民小说归置在"新写实""新状态""晚生代""欲望化叙事"等创作潮流中进行考察。代表性成果有陈晓明《走向新状态——当代都市小说的演进》，张德祥《"新写实"的艺术精神》，洪治纲《欲望的舞蹈——晚生代小说论之三》等。

二是将20世纪末小说放置在"都市小说""城市小说"的体系中，从不同的视野，依托不同的理论或者选择特定主题展开研究。代表性成果如：黄发有《九十年代小说与城市文化》，王宏图《都市叙事与欲望书写》，杨经建《90年代"城市小说"：中国小说创作的新视角》，陈国恩、吴矛《市民世态·历史文化·欲望叙事——20世纪90年代城市小说的三种表述》，张卫中《90年代中国城市小说的现代性》，焦雨虹《消费文化与20世纪90年代以来的都市小说》，贾丽萍《欲望与堕落——20世纪90年代城市小说主题论》、巫晓燕《审美现代性视野中的中国当代都市小说》等。

三是对某一历史时期的市民小说进行系统梳理、分析和总结，以求勾勒出市民小说的历史发展脉络，或从某一特定视角进行整体性解读与阐释。如：田中阳《百年文学与市民文化》、肖佩华《市井意识与现代中国市民小说》、王晓文《20世纪中国市民小说研究》等。

四是个案研究。对于池莉、王朔、王安忆、邱华栋、何顿、张欣等作家的市民小说，研究者们都给予了热切的关注，从各种角度进行了深入细致的探讨。由于成果不可胜数，在此就不再列举和赘述。

综上所述，既往研究取得了巨大的成就，从不同的角度切入对20世纪末市民小说进行了深入研究，展示了宏阔的理论视野与研究的理论深度，体现了敏锐的学术前沿意识，为本书的研究内容提供了有益的参考与借鉴。鉴于相关研究成果浩繁，这里只能化繁为简，扼要论述。

尽管20世纪末市民小说研究已经比较深入且取得了可观的成果，

但仍留有阐释的空间和一些值得继续深入探讨的问题：一是较少有成果紧紧抓住20世纪末的社会经济文化语境与市民小说的互动关系，系统探讨此时期的市民小说究竟在哪些层面映射了时代语境，进而全面阐释其最鲜明的时代特征。二是在一定程度上忽略了对20世纪末市民小说作为特定小说类型所独有的文化内涵与美学风格的细致阐析，特别是忽略了对其突出特征——世俗性的全面考察与整体把握。三是20世纪末市民小说的文学史价值与意义何在，其局限与不足又具体体现在哪些方面，对这些问题的研究有待丰富和深化。

1.3　研究内容与研究意义

本书紧密联系20世纪末社会经济文化转型这一宏观历史语境对市民小说的深刻影响，主要从主题话语、人物形象、叙事追求等方面，对20世纪末市民小说具有鲜明时代色彩的叙事风貌进行整体性观照与系统性研究。同时，将20世纪末市民小说纳入宏阔的文学史视野，通过比较厘定其文学史价值与意义，并从整体上剖析其局限与不足，力图客观、公正地评判20世纪末市民小说。

这样，就在一定程度上弥补了现有研究偏重局部和静态考察、忽略新变和整体研究的不足，拓展了20世纪末市民小说的研究视野，丰富、拓展和深化了现有研究成果。

同时，本书对"市民""市民小说""世俗化"等学术概念进行了较为清晰的界定与比较细致的阐释，有助于推进和深化有关市民小说的学术研究。特别是对"世俗化""世俗性"概念的阐释，有助于纠正人们将"世俗化""世俗性"等同于"庸俗化""俗气""世故"的错误理解。阐释20世纪末市民小说的世俗性特征，不仅有助于理清其与其他历史阶段市民小说叙事的关系脉络，更好地认识与理解其对20世纪市民叙事传统的发展，而且能够挖掘出其为以往研究话语所遮蔽和忽略的独特内涵。

第 2 章　历史源流：不同时空中的市民小说

我们有必要回到中国市民小说发展的历史境域中，对中国市民小说的历史发展状况进行一次较为全面的梳理。因为只有把握了中国市民小说发展的历史主脉，我们才能确立一些必要的参照指标，从而有效地考察 20 世纪末中国市民小说叙事话语的新变及其价值与意义。

中国市民小说大致经历了五个重要的历史发展时期：宋元至明清为发端形成时期；20 世纪初为从传统到现代的改良过渡时期；20 世纪 20 至 40 年代为转型发展时期；20 世纪 80 年代，复兴与繁荣时期；20 世纪末，深入发展时期。

2.1　宋元明清时期：缘起与成型

鲁迅先生曾在《中国小说的历史的变迁》一文中指出中国小说主要产生于神话，经历了以人为形象的"志人小说"、文言的唐传奇之后，至宋时，发生了重要变化："其时社会上却另有一种平民底小说，代之而兴了。这类作品，不但体裁不同，文章上也起了改革，用的是白话，所以实在是小说史上的一大变迁。因为当时一般士大夫，虽然都讲理学，鄙视小说，而一般人民，是仍要娱乐的；平民的小说之起来，正是无足怪讶的事。"[①] 冯雪峰也指出，宋之后，"文学已不是只为皇帝官僚和士大夫阶级服务，并且也为平民服务（其实发轫于唐代），即为商人、差吏和兵士、城市手工业者和平民服务，市民文学或平民文学开始

---

① 洪治纲主编：《鲁迅经典文存》，上海大学出版社 2004 年版，第 48~63 页。

发展起来"①。这种"平民底小说""平民文学"的出现,其实正是中国市民小说诞生的标志。因为它直接脱胎于宋元时代勾栏瓦肆供广大市民阶层消遣娱乐的演艺活动——"说话"艺术,为"说话"提供底本,且用市井白话写作,所以也被称为话本小说、白话小说。宋元时代的广大市民是话本小说的主要读者。不仅如此,宋元话本小说还塑造了商人、手工业者、店铺伙计、下层官吏、市井闲汉、歌妓、泼皮无赖等形形色色的市井人物,且"不同程度地表现了反封建和反传统文化的新的市民意识"②。因此,现代文学巨匠茅盾先生判定:"为市民阶级的无名作者所创作,代表了市民阶级的思想意识,并且为市民阶级所享用欣赏"的"真正的市民文学"是"到了宋代方始产生而发展的。所谓'宋人话本',就是这个东西"③。

宋元话本小说作为在市井之间传播的消费话语,遵循消费规律的"好看"原则,具有鲜明的通俗化、娱乐化特征,它奠定了中国市民小说的叙事传统:一是题材、内容的通俗化,街谈巷议、市井通俗故事、日常生活既是广大市民所喜闻乐见的、当然也是市民小说所惯于和乐于表现的内容,这一题材传统一直延续到当下。二是生动曲折的故事情节。话本小说尊重市民阶层的审美心理和阅读习惯,在故事情节上往往极尽曲折离奇。这既满足了市民阶层追求消遣娱乐和感官刺激的审美需要,也符合好看好卖吸引消费者的商业原则。三是语言通俗易懂。话本小说的语言基本上是通俗、生动、朴素的市井白话。之后的市民小说叙事语言都具有一定通俗化特色,即便是追求语言的诗意高雅,也能在雅俗之间保持平衡。四是注重道德说教。话本小说在推重故事的娱乐性的同时也兼顾教喻功能,常在篇尾讽恶劝善。总之,说话从内容到形式都满足了市民阶层的消费娱乐需求。

到了明清时期,随着城市和商品经济的发展,市民的外延不断扩大,市民阶层的文化消费需求也随之扩大。在这样的背景下,拟话本小说兴起。所谓拟话本小说,是指文人整理、改编宋元话本或模拟话本形

---

① 冯雪峰:《中国文学中从古典现实主义到无产阶级现实主义的发展的一个轮廓》,载于《文艺报》1952年第14号。
② 谢桃坊:《中国市民文学史》,四川人民出版社1997年版,第29页。
③ 转引自曹万生:《矛盾的市民研究与〈子夜〉的思想资源》,载于《西南民族大学学报(人文社科版)》2006年第9期,第119~125页。

式创作的白话小说，其中的代表性作品有冯梦龙的"三言"、凌濛初的"二拍"、《金瓶梅》等。这些白话小说都书写悲欢离合、发迹变泰等市民阶层的世俗性生活以及市民社会的人情世态，可谓"极摹人情世态之歧，备写悲欢离合之致"。同时，这些小说都出色地表达了市民阶层的种种感性欲求和人生愿望，比如对财富的向往与追求、对情爱欲望的追逐、对自由的渴望等，揭示了典型的市民价值观和道德观。在叙事上，它们都极力强化故事的通俗化风格，追求奇异曲折的故事情节。尤其是《金瓶梅》，穷形尽相地摹写了传统市民社会的人情世态、风物习俗，富有市民之家的伦常日用，市民社会的商业活动，市民阶层放浪的情欲追求和商人的逐利本能，还表现了商品交换意识、实利至上原则等市民意识在社会生活领域的渗透，堪称古典时期中国市民小说的教科书式经典。不过，尽管这一时期的小说反映了市民阶层的种种世俗欲望，但受封建正统思想的影响和压制，作家对市民阶层的人生欲求、价值观念的评判更多地倾向于正统的教化劝诫。

2.2　20世纪初：改良与过渡

20世纪早期，依托于上海发达的印刷业、大众传媒以及各类市民所构成的庞大读者群，以鸳鸯蝴蝶派为代表的通俗市民小说繁荣一时。鸳鸯蝴蝶派的代表作家徐枕亚、周瘦鹃、包天笑、毕倚虹、李定夷等人以小说写作作为谋生手段，传承并发扬了宋元话本小说面向读者市场写作、突出消遣娱乐功能的传统。他们努力迎合读者市场，以满足市民大众的文化消费需求为写作宗旨。

鸳鸯蝴蝶派的创作以言情小说为主，其富于装饰性和感伤美的言情叙事，满足了市民阶层情感宣泄和日常消闲的需要，深受广大市民读者的青睐。此外，鸳鸯蝴蝶派虽然也涉笔普通人的世俗生活，但它不是描写世俗生活的琐细、平实，而是把叙事的重点放在世俗性的伦理道德上。可以说，鸳鸯蝴蝶派小说继承了中国古代市民小说的衣钵，宋元以降的市民文化都可以在其文本中觅到踪迹。

但是，鸳鸯蝴蝶派的作家们清醒地认识到，他们所面对的读者群体毕竟不是宋元时期的市井小民，而是现代都市里的市民大众。所以，鸳鸳蝴蝶派作家无论是在题材内容、价值观念还是小说技巧方面，都进行了及时的改良和革新，以适应当时读者的阅读需求，体现出了一种趋时逐新的文化品质和可贵的探索创新意识。基于此，鸳鸯蝴蝶派小说呈现出新旧杂陈、传统性与现代性交织的风貌。例如，其言情小说在主题意蕴上，表达了对婚恋悲剧的同情和对传统婚姻制度的不满，显示出了对婚姻自由的追求和人的意识的朦胧觉醒，这无疑是有进步意义的；但在总体上，鸳鸯蝴蝶派小说仍然认同传统的道德伦理观念。又如，在叙事方式上，鸳鸯蝴蝶派小说延续市民小说故事本位的叙事传统，其故事具有模式化、类型化的特点。这一特点在其言情小说中表现得最为突出。但同时，他们又融合、吸纳外国文学的叙事优长和现代技法，借鉴、吸收五四新文学的形式技巧、叙事语言，整体上呈现出中西结合、土洋混杂的艺术特色。

五四新文学作家大都认为鸳鸯蝴蝶派小说是一种帮闲文学，对它进行了严厉的批判。新文学疾言厉色的批评让鸳鸯蝴蝶派作家感受到了巨大压力，他们无法不对五四新文学抱持敌视、排斥和不屑的态度，并逐渐退居文坛的边缘。

尽管如此，不可否认，在西学东渐、中西方文化激烈碰撞，开放的时代背景下，在变革求新的20世纪初期文坛，鸳鸯蝴蝶派小说作为传统市民小说做出了蜕变的努力，以为市民小说寻找新的发展可能性和市场生存空间。

鸳鸯蝴蝶派小说其实是从市民小说从传统向现代转型、过渡的中间环节，是传统市民小说为了适应时代剧变而进行的自我调整与革新。正因为这样，有学者对鸳鸯蝴蝶派小说评价甚高，认为："鸳蝴文学不仅仅是一个文学流派，它代表一种文化，一种介于精英文化和下层文化之间的中下层市民文化。鸳蝴文化正是江南士大夫文化与市民文化结合之后，生成的一种近代新型市民文化。"①

2.3 20世纪20~40年代：转型与发展

20世纪20~40年代，中国市民小说迎来一次发展高峰。这一时期

---

① 李楠：《晚清、民国时期上海小报研究》，人民文学出版社2005年版，第29页。

的市民小说创作以北平和上海为中心，作家和作品众多，佳作迭出，题材和风格都呈现出多样化的趋势，并呈现出鲜明的现代品格。

北平的市民小说创作以老舍和张恨水为代表。他们一般用现实主义方法表现中国传统市民社会的生活和普通市民的人生遭际，呈现市民文化由传统向现代的变迁。

享有"市民诗人"之誉的老舍，把笔伸进北京的四合院和大杂院，倾心描摹着京城帝都普通市民的生存遭际和传统市民社会的风土人情。老舍创作了《骆驼祥子》《四世同堂》《赵子曰》《老张的哲学》《离婚》《我这一辈子》等堪称典范的老北平市民小说，精细描摹了三教九流的职业活动、市井平民的婚丧嫁娶、人情往来、节庆风俗，刻画了"清明上河图"式的、带有传统文化特色和民族风情的市井生活景观。老舍把老北平普通市民的人生遭际与他们所身处的社会历史环境以及环境对人的影响作为一个不可分割的整体进行审视和再现，以考察普通市民的生存观念与传统文化的互渗有着多么复杂的表现形态。可以说，老舍的市民小说是从现实生存、历史反思和文化批判三重向度确立了他的文化启蒙立场。他对于笔下的遭遇不幸的底层市民葆有深刻的同情，对具有传统美德的市民抱持肯定、赞许的态度。因此，他的文化启蒙与"哀其不幸、怒其不争"的五四启蒙传统有着明显的差异。

张恨水是这一历史时期通俗市民小说作家的代表。张恨水这位通俗市民小说大家在20世纪20~40年代非常活跃。他突破了鸳鸯蝴蝶派小说在题材、内容、文体等方面的局限以及半新不旧的改良模式，成功地完成了通俗市民文学的现代转型。张恨水突破了鸳鸯蝴蝶派小说狭隘的言情窠臼，打破了其封闭的言情空间，将深广的社会生活内容融合进言情小说，使之在男女爱情之外负载了社会批判、同情弱小、除暴安良等多重主题。例如，《啼笑因缘》融言情、武侠与社会小说的诸多叙事要素于一体，一方面从世俗的角度来考察和表现男女两性关系，反映市民阶层的婚恋观和价值观；另一方面，表现了从底层市井到上流社会的全景式社会生活，并通过樊家树和沈凤喜的爱情悲剧抨击强权、同情弱小，表现出一种现代民主精神。《太平花》则把抗战与言情联系在一起，既表现儿女情长，也表现共同御侮的家国大义。张恨水还进行了小说文体革新。他充分吸纳新文艺的文本形式技巧对传统的长篇章回体进行了较为成功的革新，使之更加符合现代市民大众的阅读习惯和欣赏趣味。他在这一时期的代表作《金粉世家》《春明外史》《啼笑因缘》，无论在题材内容、主题意蕴还是叙事艺术方面都成功实现了从传统到现代的转变，因而赢得了无数读者。

上海的市民小说以张爱玲、苏青、予且等人的创作为代表。这些作家都把上海普通市民的日常生活作为观照对象，强化市民生活的物质属性、经济属性和世俗属性，饶有兴致地描写柴米油盐、吃饭穿衣、婚姻家庭等最通常、最普遍的世俗性市民生活形态。在价值倾向上，他们都认同实用的市民价值观，主张欲望满足的合理性、正当性，执着于现世，把现实生存作为生活的第一需要，并将一切神圣性的价值观念都消解在世俗性的日常生活中。

张爱玲属意"从柴米油盐，肥皂，水与太阳之中去找寻实际的人生"。① 在《传奇》和《流言》里，她倾情书写的是没落世家的日常生活场景、乱世男女的聚散离合、普通市民琐细平实的家居生活等带有永恒况味的世俗生活。张爱玲具有从世俗中发掘深度的智慧。她描写世俗但又不局限于世俗，而是通过世俗生活场景来表现人性的复杂、表达文明的没落感和人生的苍凉感。因此，张爱玲的市民小说具有一种深邃的哲学意味。同时，张爱玲超越了中国市民小说的通俗化传统，她把雅与俗、中与西、古典与现代等对立的叙事要素天衣无缝地融合在小说的文本形态中。大雅大俗是对张爱玲小说的精当评价。应该说，张爱玲全面提升了市民小说的文化品格。

如果说张爱玲将普通市民的生存逻辑提升到了形而上的高度的话，那么，苏青和予且则是从形而下的日常生活经验出发对其作常识性的阐释。苏青的自传性小说《结婚十年》和《续结婚十年》涉笔都是婚姻情爱、吃穿用度等日常琐屑，阐明了日常生活的实在性，表达了一种市民化的人生观。予且则往往从世俗生存层面来表达他对婚姻和生活的认识，并喜欢通过家常化的故事来传授某种生活经验和生存技巧，为市民大众指点生活迷津。他的《乳娘曲》《两间房》《寻燕记》等小说都具有世俗性的市民趣味，基本上都从物质生存角度来透视恋爱、婚姻的实质，并围绕夫妇关系阐述生存的谋略，透露出实用主义的市井生活智慧。

---

① 《张爱玲文集》第四卷，安徽文艺出版社1992年版，第52页。

2.4 20世纪80年代：复兴与繁荣

20世纪50至70年代，由于时代原因，市民不再是一个具有特定社会文化含义的阶层。普通城市居民和农民一样都作为国家公民而存在。在这一历史时期的文坛上，小说主要致力于表达重大时代主题、描绘宏阔的社会生活图景。农村题材小说创作在文坛居于主流地位。城市题材的小说则主要反映我国的工业建设和工人生活，而极少全面关注和细致描写城市居民个人的日常生活。

20世纪80年代，随着改革开放，市民小说开始复苏并走向繁荣。这一时期的市民小说大致有三个流向：

一是描摹清末民初的市井风情，刻画三教九流的众生相，揭示市民文化的传统积淀。邓友梅的《寻访画儿韩》《烟壶》《那五》《双猫图》生动地展现了晚清京华市民社会的风土习俗和世相人生，勾勒出了一幅清明上河图般的风俗画卷，揭示出千年帝都三教九流那种富有艺术情趣的生活态度和乐感文化气质。冯骥才的"怪世奇谈"系列小说，如《神鞭》《三寸金莲》则描绘清末民初天津卫光怪陆离的市井文化景观，并用现代精神去烛照和反思具有地域特色的市民文化传统，批判和否定了市民文化积淀中的封建、落后成分。

二是描绘当代市井文化风俗，展现闾巷里弄中普通市民的生存状况与文化承传。刘心武《钟鼓楼》《立体交叉桥》，陈建功《辘轳把胡同9号》《找乐》，陆文夫《小贩世家》《美食家》《井》等小说都出色地描写了寻常市井百姓的生存形态，呈现了具有鲜明地域色彩的风俗民情以及市民文化心理的历史惯性。这些小说大多站在精英立场上批判了市井细民们身上因袭的文化劣根性，继续表达着改造国民性的启蒙主题。当然，也有少数作家站在民间立场上，从平民百姓琐细微末的日常生计中发掘其中所蕴含的独特情趣，呈现独具特色的地域性市井文化，甚至对市井细民的生存态度、生活观念表现出由衷的认同与欣赏。比如王安忆和范小青，前者写出了《流逝》《鸠雀一战》；后者的代表作品有《裤裆巷风流记》《个体部落纪事》。

三是疏离精英知识分子的启蒙传统与话语方式，描摹市民吃喝拉撒的日常生活状态并给予肯定和认同，甚至以嘲讽知识分子的方式张扬市民阶层的价值观。以王朔、池莉的小说为代表。

通过对市民小说发展历史的梳理，可以发现，从宋元到明清，市民小说逐渐形成了较为固定的叙事规范，发展成为一个独立的小说类型。市民小说的存在与发展受到所处时代社会经济文化语境、市民阶层及其生活的深刻影响。由于时代的发展、社会经济文化语境和市民阶层的发展变化，市民小说也随之不断发展流变，从而形成了不同的叙事类型，呈现出不同的思想文化内涵、美学风貌与时代特征。

20世纪80年代中期以前，特别是市场经济启动之前，中国市民小说的发展具有这样几个鲜明特点：

第一，市民社会的传统形态——市井，以及传统的市民生活形态是其主要的审美观照对象。这与中国城市的发展状况密切相关。中国的城市长期停留在与乡村异质同构的古典形态，没有形成建立在发达的商品经济基础上的现代市民社会（上海除外）。因此，市井这种与自然经济有着千丝万缕联系、具有乡土文化品格的传统市民社会形态就一直稳定地延续下来，并成为中国市民小说一贯的审美表现对象。具有传统思想道德观念、更多传统文化色彩的中下层市民，即市井细民，相应成为市民小说的主要人物形象。从老舍一直到20世纪80年代的刘心武、陆文夫、陈建功、邓友梅、冯骥才等都是这种市井风情小说的代表作家，其小说的世俗性主要体现在两个方面：其一是对衣食住行、饮食男女、生老病死、民居建筑、方言俚语、风俗习尚、风土物产等市井风情的精彩描绘，侧重于展现世俗化的市井文化。其二是对市民文化心理及文化积习的揭示。

第二，现代意义上的市民小说以20世纪40年代上海张爱玲、苏青等人的作品为代表。他们的小说依托现代都市的商业化语境，描写现代都市现代市民的日常生活、表达现代市民具有鲜明商业文化色彩和现代城市特征的思想情感与价值观念。其世俗性不仅表现在对现代市民物质性日常生活的描写，而且表现在对实利主义、享乐主义、生存本位等濡染着工商业文明色彩的现代市民价值观的表达与认同。这类现代市民小说只是昙花一现。20世纪50年代至80年代中期，由于建立在发达工商业基础上的现代城市和现代市民的缺位，具有现代都市文明特征的市民小说消失。直到20世纪末市场经济启动，现代意义的市民小说才再度出现，并焕发出新的生机与活力。

第三，最具有消费性特征的通俗性市民小说，如鸳鸯蝴蝶派的作品、张恨水的作品等，其世俗品格体现在题材内容的通俗、对小说消遣娱乐功能的强化以及迎合市场的商业化写作姿态，这类市民小说自"五四"新文学以来一直遭到文学主流的蔑视、排斥、批判和压制，长期以边缘化身份存在于文坛。

从市民小说的发展历史，我们还可以看到，从宋元开始，市民小说的形成与发展一般需要这样几个条件：一是城市经济特别是工商业的繁荣发展，这是市民社会形成、存在的经济基础，也是市民小说发展的现实基础。二是市民阶层的形成、壮大及其文化价值观念的发展变化。这是市民小说兴盛的内在动力，也是市民小说题材内容、思想内涵发生变异的重要原因。三是相对宽松的社会文化环境。这种环境既保证了作家创作心态的从容与自由，也能刺激市民大众的文化消费需求的增长，保证市民小说的读者市场。宋元时期、明代、清末民初以及20世纪40年代的上海，都具备这几个条件。所以，市民小说在这几个历史时期都呈现出繁荣景象。20世纪80年代后期开始，中国的城市又获得了类似的历史条件，市民小说再度兴盛，并成为一股持续的叙事潮流。

第3章 写作语境：社会与文化的世俗化变迁

一个时代的社会文化语境决定着文学的整体风貌。20世纪末，快速发展的城市化进程、市场经济引发的中国社会和文化的世俗化变迁既是市民小说生成和存在的具体语境，也是其发展和变化的内在依据。20世纪末市民小说的繁荣、文化价值取向的形成和审美要素的新变，都脱离不开这一宏观而具体的历史境域。中国的城市化与市场经济的发展，不但造成了中国社会文化语境整体的世俗化变迁，而且催生了当代意义上的中国城市、市民群体和市民文化，为市民小说的发展演变提供了物质和文化基础。因此，考察20世纪末的市民小说而不分析其所附丽的现实社会文化语境，就难以从根本上理清20世纪末市民小说的种种发展变化。

进入20世纪90年代，中国经济的快速发展给城市带来了新的发展契机，引发了持续不衰的城市化进程。从一些统计数据中我们可以清晰地看到中国城市惊人的发展速度："1990年我国城市只有467个，而到1995年则增加到640个，1999年更达到668个，城市以每年几十个的惊人速度在增长着。而全国城市人口则从1990年的1.1825亿增加到1999年的2.3亿。"[①] 同时，"城市群、城市带也在辽东半岛、山东半岛、京津唐、长江三角洲、珠江三角洲、京广、津沪——沪杭、京哈等重要铁路沿线以及长江沿岸逐步形成并扩大。"[②] 中国的城市终于从"农村包围城市"的传统社会格局中傲然崛起。在世界范围内，现代化从某种意义上即是城市化，城市化是现代化的一个重要标志。因此，在20世纪末的中国社会，城市取代乡村成为中国现代化的中心舞台。

---

① 靳润成：《中国城市化之路》，学林出版社1999年版，第195页。
② 薛小和：《城市化道路怎么走》，载于《经济日报》2000年5月19日。

在城市化进程中，中国的城市从外在形态、社会职能到内在结构都告别了传统形态而向现代类型迅速转变。"它已经由原来单纯的政治、文化中枢，进一步兼任了工业和商业的中心，开始摆脱与乡村的同构性而取得了相对于乡村和传统城市的异质性和独立性。"①

不仅如此，在现代城市中，传统城市生活中奉行的带有某些乡土文化色彩的伦理规范、价值理念如今获得了本质性的更新："人们的价值观念趋于理性化和实利化，人们的关系从礼俗化和自然化变为契约化，新的道德模式和准则出现了。"②

可以说，在20世纪90年代，"中国出现了真正意义上的现代城市与现代化的城市生活。"③

市场经济则是20世纪90年代中国社会最为引人注目的主导性话语。它不仅促使中国的社会形态和阶层结构发生了巨大的变化，而且是中国文化全面转型的初始的、最根本的动因。80年代后期，市场经济已经在民间的经济生活实践中萌发，中国的社会与文化开始酝酿着结构性的变化。1992年，党的十四大明确提出了"建立社会主义市场经济体制"的经济体制改革目标。随后，中国特色社会主义市场经济在辽阔的中国大地上迅疾发展起来，逐渐取代计划经济而成为中国社会主导性的经济形态。

市场经济引发了中国社会和文化在整体上的现代化进程。"现代化之路就是世俗化之路"④。现代化作为一种全球化的社会演进趋势，意味着社会生活的全面世俗化，因此，某种意义上，现代化即世俗化。在西方学术界，世俗化是与宗教相对的一个概念范畴："第一，世俗化意味着一种科学理性的精神，一种与宗教迷狂式的'克雷奇马'状态相对的状态；第二，世俗化还指一种追求现世精神和'善的生活'的倾向，即从宗教禁欲主义中摆脱出来，告别来世的追求和信仰。"⑤

就中国的现代化进程而言，世俗化的含义与西方并不相同。有学者指出："至少从明清之际的人性复苏到五四时期的个性解放再到'文

---

①③ 贾丽萍：《转型与变化——谈20世纪90年代城市小说兴起之原因》，载于《云南社会科学》2004年第4期，第129~133页。

② 李书磊：《都市的迁徙》，时代文艺出版社1993年版，第14页。

④ 樊星：《论80年代以来文学世俗化思潮的演化》，载于《文学评论》2001年第2期，第24~32页。

⑤ 周宪：《中国当代审美文化研究》，北京大学出版社1997年版，第301页。

革'结束后的新时期个性解放、90年代的商业大潮,'世俗化'的声音一直都是与反对封建主义'理学'、批判僵化的'礼教'、远离'斗私批修'的政治梦想这些文化目标联系在一起的。主张思想解放的人们看够了'以礼杀人'的悲剧,才从老百姓的世俗欲望与活法中发现了人性、人欲存在的合理性。"[1] 还有的学者认为,中国的世俗化具有以下四方面的特征:"一是以理性精神解除宗教迷狂,二是以现世态度悬置终极理想,三是以大众欲求濡化精英意识,四是以物质功利取代禁欲主义。"[2] 实际上,在20世纪末的经济文化语境中,概括起来说,世俗化包括双重含义:一是以更加务实的态度看待社会生活;二是肯定个人的日常生活诉求,为与个人日常生存密切相关的各种感性欲求提供合法化依据。

因此,中国社会的世俗化变迁表现在:市场经济的崛起和强劲发展推动经济话语成为社会主导话语。普通民众的各种世俗性欲望在市场经济语境中获得了合法性。整个社会的世俗化趋势日益增强。更重要的是,市场经济加速了中国的城市化进程,促成了一个现代意义上的市民社会的初步形成。

而消费性文化语境的形成则是中国文化世俗化转向的重要表征。市场经济从根本上引发了中国文化格局的结构性调整,并依据它自己的价值标准重新修订了文化的取向。在迅疾铺开的市场化、商业化进程中,文化的生产与消费也不可避免地被纳入市场之中,受到商品交换法则的支配和制约,"整个社会文化价值结构开始充分体现出'经济—商业'的利益主导性"[3]。大众的文化消费需求越来越成为文化生产的制约和引导力量。对于大众世俗欲望的具体表达和感官愉悦的及时满足,成为文化的重要职能所在。文化的消费和娱乐功能得到了前所未有的强化和张扬。

---

[1] 樊星:《论80年代以来文学世俗化思潮的演化》,载于《文学评论》2001年第2期,第24~32页。

[2] 王又平:《新时期文化转型中的小说创作潮流》,华中师范大学出版社2003年版,第223页。

[3] 王德胜:《世俗生活的审美图景——对90年代中国审美风尚变革的基本认识》,载于《思想战线》1998年第10期,第23~29页。

3.1 现代市民社会的崛起

伴随着城市的崛起以及中国城市的现代化进程，城市空间的生活主体——市民，也发生了巨大的变化。在20世纪末，作为市场经济发展的直接结果之一，市民的外延不断扩展，层次分化不断加剧。这为市民小说提供了新的叙事资源，是市民小说告别传统叙事形态、突破既往审美模式的现实基础。

市场经济是以肯定私人利益为前提的。一方面，市场经济在中国大地上的蓬勃发展，促使中国城乡社会的分化程度逐渐提高，私人生活空间的合法性得到确认，其自由度也不断扩大。另一方面，市场经济激活了人们对物质利益的欲求，并为实现个人和团体的物质利益提供了广阔的空间和机会。[①] 同时，市场经济"为追求一定物质利益而进行各种经济活动的个人和团体提供了交流的平台和发展的空间，同时把这些活跃在经济领域的个人和团体塑造成具有自主、平等意识和竞争、参与意识的社会主体"。[②] 这一切直接促成了一个现代意义上的市民社会的初步形成，并不断强化着市民社会的独立品格。

市民社会是以经济生活为主体、"具有明晰的私人产权及其利益并以契约关系相联结的具有民主精神、法制意识和个体性、世俗性、多元性等文化品格的人群共同体"。[③] 市民社会具有这样一些基本特征："（1）个人主义被肯定。（2）对人权的肯定。（3）市场关系扩散为整个社会的基础，社会普遍地商品化。（4）市民社会中的人基本上是自利的。"[④] 可以说，市民社会是一种以经济生活为主体、以个人为本位的社会结构形态，它所表现的是分散的、私人的利益关系。同时，作为

---

① 袁祖社：《权利与自由——市民社会的人学考察》，中国社会科学出版社2003年版，第140页。

② 曹鹏飞、张艳萍：《论社会主义市场经济与市民社会》，载于《宝鸡文理学院学报》2004年第2期，第1~6页。

③ 肖佩华：《市民文化精神的凸显——兼谈"王朔与池莉现象"》，载于《湖北社会科学》2004年第7期，第25~27页。

④ 石元康：《市民社会与重本抑末》，引自石元康：《从中国文化到现代化性：典范转移》，生活·读书·新知三联书店2000年版，第177~178页。

一种私人利益交换和交往的民间生活领域，市民社会具有自己的话语体系。这种话语体系"不再关心与个人利益无关的形而上的'主义'，不再将超越性的价值作为为普遍的、必然的东西加以认真对待和考虑；相反地，它更注重个人的实际生活，注重个人物质或情感领域的具体问题"①。

现代市民社会的崛起，其最重要和最直观的表征便是市民的多层次扩展。20世纪80年代后期开始，人们的社会身份不再依据政治标准进行划定，工人、干部、知识分子等社会身份的意识形态色彩逐渐淡化而成为普通市民，并各自形成自己的生活方式与文化要求。

在20世纪90年代，随着市场经济的萌生和深入发展，原先因为计划经济体制的束缚而趋于僵化的社会结构开始松动并具有了流动性，各种新兴行业与职业在市场经济背景下不断涌现，市民的外延因此而不断扩大、增生，市民的构成成分日趋复杂。除了普通工人、一般知识分子、城市第三产业的各种从业人员等传统意义上的市民之外，在现代城市，各种新兴市民如雨后春笋纷纷破土而出。所谓"新市民"，"实际上是指我国社会主义市场经济开始启动后，由于社会结构改变，社会运作机制改型，而或先或后改变了自己的生存状态和价值观念的那一个社会群体。"② 这一群体具有广泛的社会覆盖面，不仅仅局限在现代大都市，而且辐射到中国从沿海到内地的广大城镇。

"新市民"群体的人员构成是极为庞杂的：

第一，那些"脱离了单位体制等其他政治单元控制的个体劳动者、私营企业主及其从业人员，'三资'企业职工，以及文化个体户、科技开发人员之类的'无上级'人士"，③ 自由职业者、乡镇企业家，各种股份制公司和金融机构的中上层管理人员者都归属于"新市民"群体。我们从一些社会统计数据能够更加真切地感受到这些新生市民阶层的崛起和壮大。"1990~1996年，我国私营企业主由22.4万人增加到170.5万人。"④ 而"截至2002年底，全国共有个体户2377.5万户，从业人

---

① 许纪霖：《崇高与优美》，载于《上海文学》1995年第12期，第68~71页。
② 周介人：《谈谈"新市民小说"》，载于《当代作家评论》1996年第1期，第47~51页。
③ 朱光磊：《大分化新组合——当代中国各阶层分析》，天津人民出版社1994年版，第43~44页。
④ 刘祖云：《社会转型与社会分层——20世纪末中国社会的阶层分化》，载于《华中师范大学学报》1999年第4期，第1~9页。

员有 4742.9 万人，约占全部就业人员的 64.3%"。① 在目前我国十大城市的总体样本中，个体经营人员的比重在十城市中大约占 8%；由管理阶层、技术人员阶层、办事员阶层所组成的白领阶层比重总计为 45%，是城市社会中一个主要的职业集团。而且，从不同城市来看，每个城市中的白领阶层都有相当高的比重。大多数城市白领阶层的比重都超过了蓝领阶层（工人阶层）。在经济发达的广州、中山等城市，白领阶层的比重相对较大，其中广州比重将近 58%。② 这些新兴市民阶层最突出的特点在于，其生存已经摆脱了被体制所安排和规定的状态。他们在市场化的生存环境中充分发挥个人的能力、施展个人的才华，自己把握自己的生存方向。他们是最富有生机和活力、最能体现 20 世纪末中国市民生存特质的市民群体。他们不仅拥有新的生活方式，而且拥有新的价值观念、提出了新的文化要求。

第二，国有资产的管理者和经营者，其生存状态也与原先计划经济体制下的生存状态有了鲜明的不同，最突出的一点就是其价值观念的经济色彩日趋浓厚。他们也是"新市民"的组成部分，是 20 世纪末中国市民社会一支举足轻重的力量："在全国十大城市的样本总体中，企事业单位的中高层管理人员占全部职业人员的 10% 左右。"③

第三，在 20 世纪 90 年代，城市的组织方式和生存秩序发生了很大的变化。随着现代化的进程，城市在迅速发展成为丰裕的物质之都和现代文明象征的同时，也为个人提供了各种生存机会和成功可能。与此同时，限制人口流动的"户口制度"越来越松动，正日益丧失束缚力，个人的社会身份束缚逐渐被拆解，从农村和乡镇向城市的迁徙以及城市之间的人口流动都具有了现实可能性。越来越多的人从四面八方涌入城市，城市以开放的胸怀接纳着这些源源不断涌入的陌生人，为他们提供生存的空间和机会。于是，那些进入城市并逐渐融入城市、接受了城市的生活方式和价值观念并定居下来的城市新移民就成为"新市民"的又一组成部分。这些"新市民"为中国市民社会注入了新鲜的血液，带来了市民层次的丰富性和生存形态的多样性，从而使市民的外延具有

---

① 张宛丽、李炜、高鸽：《现阶段中国社会新中间阶层的构成特征》，载于《江苏社会科学》2004 年第 6 期，第 100~107 页。

②③ 郑杭生、刘精明：《转型加速期城市社会分层结构的划分》，载于《社会科学研究》2004 年第 2 期，第 102~110 页。

了空前的开放性和包容性。

新兴市民阶层的涌现是20世纪末中国市民扩展的一个重要因素，而市民生活区域的广泛性则是造成市民层次繁复性的另一重要因素。市民的生活社区不仅仅包括现代化的大中城市，还包括在中国大地上星罗棋布的小城与市镇。这些城镇是乡村和城市之间的过渡形态，生活于其中的人们在谋生手段和生活方式上已经与农民有了根本性区别。即便是在现代化的大都市，市民的生活社区也是千姿百态，既有豪华的别墅群、设施齐全的时尚住宅区和普通居民小区，也有隐没在高楼大厦背后的弄堂、胡同和小巷以及破败拥挤的棚户区，前者是现代市民社区的标志性空间符号，后者则是市民生活和文化空间在城市化进程中的遗存即市井。尽管生活环境各不相同，但定居在上述所有社区中的常住居民，毫无疑问，都是20世纪末中国城镇社会的市民。

这样，在20世纪末，中国市民巍然兴起成为一个前所未有的、无比庞大且构成复杂的社会群体，并以崭新的气象更新了以往人们在文化上对于市民的单一的、甚至鄙薄性的认识。比如人们习惯上总是把产业工人、各行业的一般服务人员、小知识分子和小职员等城市平民称为"市民"，而当下"三资"企业的管理人员和技术人员、个体工商业者和私营企业主则扩展了市民的外延。更重要的是，由企事业的管理人员、各种专业技术人员、经理人员、私营企业主、个体工商户、办事员和商业服务人员所构成的城市中间阶层的迅速扩张从整体上促使中国城市的阶层结构从传统的金字塔形逐渐向橄榄球形转变。① 以下的统计数据就是有力的佐证："1995年在上海人口抽样调查中，专业技术人员占15.6%，办事员占7.5%，商业从业人员占9.0%，服务人员占9.2%。"② 就全国范围来说，"从1979年到1999年，中国私营企业主阶层所占比重从零上升为0.6%，个体工商户阶层和经理人员阶层所占比重也分别从0.03%和0.23%增加至4.2%和1.5%，商业服务员工阶层从2.2%左右上升到12%左右，都翻了几番。……产业工人占

---

① 刘祖云、戴洁：《生活资源与社会分层——一项对中国中部城市的社会分层研究》，载于《江苏社会科学》2005年第1期，第133～138页。
② 仇立平：《职业地位：社会分层的指示器——上海社会结构与社会分层研究》，载于《社会学研究》2001年第3期，第18～33页。

22.6%。"① 在当下的中国市民社会，白领阶层、私营企业主等所构成的新兴市民阶层——"中产阶层"正呼应主流意识形态的号召而成为市民社会的中坚力量，它代表着市民社会的发展方向。最后，说到人们对市民的鄙薄性认识，不得不提"小市民"这一称谓。"小市民"是以前人们尤其是知识精英阶层对那些具有狭隘、势利、庸俗、自私等负面市民文化积习的城市平民的一种指称，主要包括小职员、小工商业主、小手工业者等小有产者以及服务行业从业人员。他们由于经济收入有限，因此难免会沾染自私自利、斤斤计较、爱慕虚荣、眼界不高等不良市井习气。尽管"小市民"确实是市民阶层中具有一定庸俗习气的群体，但当把这一称谓的外延笼统地延伸到广大市民时，就不能不说是一种偏见了。在今天，由于经济和文化发展的不平衡，小市民在中国的现实生活中依然存在，其文化心理积弊（如通常所说的"小市民习气""小市民意识"）也依然闪现于社会生活的某些层面，但需要指出的是，这一群体在20世纪末的市民人员总体构成中所占比例甚微，并且正在随着中国的现代化进程而发生着脱胎换骨的变化。在当下中国社会，不断扩展的市民群体"以强有力的参与方式介入整个社会，甚至从某一个方面改变了社会日常生活的向度和方式"②。

在价值观念上，20世纪末的中国市民一方面传承了宋元以来注重实际、关注现实利益、关注日常生活、推崇享乐的价值观念，另一方面，在现代城市的经济活动和交际活动中，逐渐形成了经济理性、注重自我、以生存为本位等新的价值理念。其中，经济理性是由市民阶层本身的经济属性及其生存环境的物质性、世俗性所决定的。当代城市生活的物质性以及他们所面对的各种现实生存问题都让现代市民比较注重物质利益，充分体现了市民阶层对城市物质生活的深切理解与认同。注重自我是建立在经济基础上的以自我为中心的个人主义，表现为追求个体的独立自由、追求个人生存价值和现实利益的实现，注重个人的生命体验，意味着个人从道德、权威、集体等的束缚中解放出来。这是生存方式的改变带来了经济上的自主性，进而在精神层面追求个体独立的生命

---

① 陆学艺主编：《当代中国社会阶层研究报告》，社会科学文献出版社2002年版，第50页。

② 孟繁华：《众神狂欢——当代中国的文化冲突问题》，今日中国出版社1997年版，第112页。

自觉。所谓以生存为本位，即站在现实生存的立场上全神贯注于个人的日常生活，关心个人各种感性欲望的满足，寻求世俗生活的乐趣，从中得到精神的满足与愉悦。

20世纪末，城市化进程中市民阶层的拓展及其缤纷多彩的生活形态为市民小说提供了广阔的书写空间和丰富的写作资源。广大市民在现代城市生活中所生成和积累起来的生存经验、所形成的新的价值观念也必然支撑起新的叙述文本。在此时期的市民小说中，中国当代特别是市场经济时代的市民社会生活、市民阶层的生存形态与文化观念都得到了同步书写，形成了丰富多样的、具有时代特征的叙事形态。这样，在整体上，20世纪末的市民小说就呈现出新鲜独特和宽广深邃的时代风貌。

新兴市民阶层的崛起不仅为市民小说提供了新的写作资源，而且为它培育出了新的消费主体。不同层次的市民有着不同的文化水准和审美趣味，他们构成了庞大的读者市场。这一切都直接促进了市民小说的繁荣，推动了市民小说的叙事更新。

3.2 消费性文化语境的生成

现代化进程中市民的层次扩展与现代市民社会的形成，构成了市民小说写作的现实基础，也是促使它发生变化的直接动力。此外，市民小说作为一种文化形态，其发展和变化也必然受到所处的时代文化语境的影响和制约。

20世纪末的文化语境是由三方面的因素合力打造的。市场经济的推进是构造20世纪末消费性文化情境的主导因素。伴随市场经济的进程而确立起来的商业逻辑将一切现实文化都纳入了消费的轨道，原来与商业绝缘的文化而今向着市场敞开。与市场经济相伴而行的城市化进程则为现代都市的消费性文化形态——大众文化提供了肥沃的生长土壤和良好的发展契机。大众文化的扩张最终催生了20世纪末以消费性为鲜明特征的文化生态。全球化语境也是塑造20世纪末中国文化情境的另一不可忽视的重要因素。尽管20世纪末的中国社会在整体上并未进入后工业时代的消费社会，但消费主义文化浪潮在全球化语境中进驻中国并随着中国的市场化潮流逐渐弥漫开来。在消费主义意识形态的影响下，文化不再以严肃的面目去训导大众如何寻求人生的意义，如何实现自我的价值，也不再注重带给大众理性的沉思和哲理的启迪，而是更多地关心如何在消费层面上带给大众轻松愉悦的精神享受和直截了当的感官快乐。这样，市场经济、城市化进程和全球化语境共同完成了对20世纪末中国文化情境的重铸与改造。一个世俗的、消费文化大行其道的时代翩然降临了。

3.2.1 大众文化的扩张

20世纪末，消费性文化语境生成的重要表征便是大众文化的喧嚣与扩张，以及它对整个文化格局的重新整合。

20世纪80年代末，伴随着中国政治、经济、社会的发展以及民众文化消费需求的增长，大众文化开始崛起，并与主流文化、精英文化三分天下，"在各自明确的文化版图上守卫自己特定的文化意图和话语表达"[1]。进入20世纪90年代，这种三分天下的总体格局尽管没有改变，但各种文化的力量对比却发生了根本性的变化。在商业化的语境中，物质、金钱成为民众崇拜的新神。精英乌托邦的魅力逐渐消退，精英启蒙话语告别革命，开始了无奈而悲壮的衰落过程。与此形成鲜明对比的是，在主流文化的规范和引导之下，大众文化借助城市化和市场化的东风冲破了精英文化的蔑视而迅速崛起、勃然兴盛。

大众文化是一种消费性、商业性文化。就功能来说，大众文化是一种"媚悦消费者的商品"[2]，"其鲜明的特征是它主要是为大众消费而制作出来的"[3]，满足大众的精神需求和娱乐消遣需要，为大众提供情感的满足和意义的阐释。这是20世纪末大众文化最醒目的身份标志。它的价值立场完全是世俗化的，"强调日常生活的生存象征意义和现实功能，强调物质满足的感性实践，强调价值目标的'当下化'，强调形象

---

[1] 刘泓：《世纪末的裂变与反叛——九十年代中国大众文化的挑战》，载于《福建师范大学学报》1999年第3期，第62~67页。

[2] 周宪：《审美文化的历史形态及其变异——谈高雅文化与大众消费文化》，载于《文学评论》1995年第1期，第96~103页。

[3] 杭之：《一苇集》，生活·读书·新知三联书店1991年版，第114页。

生存的合法利益"①。

在持续推进的城市化进程中，文化产业的快速发展、传播媒介的日渐发达、社会和文化领域持续的商业化情势、生活享受合理性的确认，都为大众文化的发展提供了肥沃的土壤。大众文化在不断形成的世俗化基础上急剧扩张，并借助于商业化的文化语境以强劲之势对主流文化和精英文化进行辐射、渗透、融合，以愈加有力和有效的方式参与对20世纪末中国文化的构造过程。面对大众文化不可阻遏的发展势头，主流文化和精英文化对待大众文化的态度也发生了意味深长的变化。

首先，"主流文化与消费性的大众文化互相倚重，互相解构，不断置换又不断合流，共同打造着具有中国特色的消费主义文化时尚。"②大众文化不断地发掘和利用政治文化资源进行文化再生产，将其创造性地转化为具有强烈吸引力和巨大感染力的文化产品，满足大众的文化需求。例如，《开国大典》《激情燃烧的岁月》对于革命经典叙事话语的重构，让大众通过鲜活的影像和生动的故事重温革命历史，获得精神的洗礼。而主流文化为了尽可能地赢得最广大的受众、更好地传播国家政治话语，开始主动借鉴和挪用大众文化的话语策略和技术形式来进行政治话语的讲述。比如，主旋律影片《抉择》就采用了通俗化的叙事策略，在人物形象设置上采用了明显的正与邪、忠与奸二元对立的模式。这样，影片就把意识形态要求与大众的审美趣味巧妙地对接在一起，改变了传统主旋律电影的严肃风格，既富有感性的审美魅力，又能产生普泛的宣传效应。

其次，对于精英文化和大众文化在20世纪末的关系，有学者指出："所谓精英知识界与大众文化生产并非截然对立、泾渭分明的不同文化阶层或壁垒，相反，20世纪八九十年代之交的文化转型，90年代的文化建构过程，正是在精英文化与大众文化的相互渗透、彼此建构与复杂互动间完成的。"③ 大众文化的生产者往往把新异的精英文化成果纳入文化工业的生产体系进行再生产，对其固有的审美价值进行加工和改

---

① 王德胜：《文化转型、大众文化与"后现代"》，载于《上海艺术家》1997年第Z1期，第15~19页。
② 戴锦华：《文化地图及其他》，载于《读书》1997年第2期，第7~12页。
③ 戴锦华主编：《书写文化英雄——世纪之交的文化研究》，江苏人民出版社2000年版，第133页。

造，使之填补被大众淘汰的文化产品遗留下的空缺。① 而在商业化文化语境中，精英文化也积极向大众文化靠拢甚至主动地归附大众文化的阵营。比如，在20世纪90年代的消费文化语境中，先锋作家的形式实验因为曲高和寡已经难以为继，为了获得大众的青睐，他们不得不改变写作策略，并努力吸取大众文化成功的叙事经验和话语策略，一再地书写野史秘闻、男女恩怨和家族兴衰以强化文本的观赏性效果，达到吸引大众的目的。

在大众文化与主流文化、精英文化的融合过程中，原先主流和非主流之间泾渭分明的等级界限模糊了，雅俗文化之间层次井然的差异消弭了，整个被大众文化整饬过的文化生态呈现出鲜明的世俗化和消费性特征。

大众文化的兴盛为市民小说的崛起提供了背景。同时，大众文化趋时媚俗的价值取向和文化精神，也成为许多作家重要的文化资源之一。而大众文化整合而成的消费性文化生态作为一种文化场域，以各种方式向包括市民小说在内的其他文化形式辐射和渗透。20世纪90年代一些市民小说创作所体现出来的种种审美特征——诸如放弃精神深度、叙事的欲望化、模式化等，都带有消费性文化语境影响的深刻印记。

3.2.2　文学生产的市场化转型

文学的生产必然要受到具体历史境遇的制约和影响。"文学在不同的历史情境中，必然以不同的方式展开它的实践，也必然有不同的由历史规定的价值和意义。"② 对于商业化时代到来后市场对文学生产的导向作用，曾经有研究者做出了具有前瞻性的分析预测："毫无疑问，全面走向市场的中国当代社会必将急遽改变我国的传统文学生态环境和价值取向。直言之，文学作品的商品属性将得到前所未有的正视、重视乃至一段时间内过分地夸大与强调。大部分文学生产力将逐渐从政治辐射下走出而卷入经济轨道运作，其意识形态色彩会日见淡化而商业气息将

---

① 陈刚：《大众文化与当代乌托邦》，作家出版社1996年版，第24页。
② 向荣：《背景与空间：90年代中国文学的文化语境》，载于《社会科学研究》2000年第2期，第139~143页。

愈加浓厚。"① 这一论断并非空穴来风。1993 年，深圳公开拍卖文稿。这一震动当时文坛的事件标志着文学作品正式作为商品被纳入了商业化的生产和流通轨道。之后，随着市场经济向文化领域的渗透，文学的生产机制逐渐向市场倾斜，市场逻辑逐渐有力地左右着文学的生产和消费。尽管作家们并不一定都服从市场规则，但不可争辩的是，20 世纪 90 年代，文学生产的各个环节都逐渐被纳入了商业化的运作机制，这是有目共睹的现实。

我们可以从 20 世纪末一些具有轰动效应的文学事件以及代表性作家的创作谈入手来分析和探讨文学生产各个环节的市场化转型。

在 20 世纪 80 年代末 90 年代初，最能说明文学创作活动和文学生存环境已经发生了深刻变化的事件当数王朔作品的走红。王朔开了中国当代文学史上商业化写作的先河。他在 80 年代中后期作为文坛上第一个"个体户"横空出世，并迅速走红，其辉煌一直延续到 20 世纪 90 年代初。王朔彻底消解了文学创作的神圣性。他非常决绝地拒绝了作家传统的"代言人"角色。他曾经不无偏激地发出批评之声："文人一直自我标榜惯了，笔握在手，真理就像握在他手里，自命不凡，高雅惯了。"② 出于对作家传统角色的反感，他自我标榜是"码字师傅"。对于自己的写作目的，王朔直言不讳："我写小说就是要拿它当敲门砖，要通过它过体面的生活，目的与名利是分不开的……我个人追求体面的社会地位、追求中产阶级的生活方式。"③ 王朔还把文学的使命说成是"逗老百姓玩""人人做个梦玩"。④ 王朔写了一群都市顽主吃喝玩乐的生活故事，并因此而一夜成名，在文坛上掀起了一股持续不衰的"王朔热"，继而引发了旷日持久的争议。

王朔走红的根本原因在于：20 世纪 80 年代后期市民社会正在蓄势崛起，90 年代随着市场经济的发展市民的力量逐渐壮大，"他们在文化上要求表达自己的声音也就是历史的必然选择。这种要求在其起初，总是以对既有文化的破坏为先导。王朔的出现可以说躬逢其时。"⑤ 他的

---

① 朱向前：《1993：卷入市场以后的文学流变》，引自《世纪末的喧哗》，山东教育出版社 1998 年版，第 2 页。
② 王朔：《王朔自白》，载于《文艺争鸣》1993 年第 1 期，第 65~67 页。
③ 《王朔访谈录》，载于《联合报》1993 年 5 月 30 日。
④ 江迅：《"顽主"王朔》，载于《文学报》1992 年 5 月 24 日。
⑤ 祁述裕：《市场经济下的中国文学艺术》，北京大学出版社 1998 年版，第 90 页。

小说传达了新旧体制转换阶段正在崛起的市民阶层的声音，并以摧毁一切权威话语的方式为市民阶层争取话语权，因此赢得了市民大众的青睐。从某种意义上说，是时代促成了王朔的成名。王朔的成功改写了文学创作的一切神圣性规范，同时也深刻地揭示了新的文化语境中文学写作活动的变化：一是随着文化市场化的进程，文学写作的生产和消费的性质越发突出，作家的作品只要能够切合读者的心理，就能够赢得广大的读者群体，获得市场的回报。很多文学评论者对90年代文学"媚俗"的指责，恰恰从反面证明了文学生产向广大受众的倾斜。二是在实用主义盛行、具体物质利益主导大众日常生活的市场化时代，作家传统的启蒙角色和居高临下的写作姿态已经不合时宜，正如有人对此发出的尖刻嘲笑："多年来，文人心中总不乏那种忧患疙瘩，先知先觉，动不动就独上西楼，把栏杆拍遍，指出这个、警惕那个，还有特别值得注意的及其他。口气深沉而又惨痛，结果如何呢：太阳照样升起，月亮照样落去，天气依然冬暖夏凉，社会仍然一如既往地按照自己的发展规律奋勇前进，只是'永别了武器'。写字是一门职业，应该用职业的态度对待它。除此之外，一切蒙着严肃的虚假和自以为卓尔不群的指点江山与愤愤不平，全是自己吓唬自己的扯淡！"① 三是以受众为中心的文化市场渐趋形成，且在文学生产与消费之间发挥着越来越重要的调节作用。

　　王朔只是作家群体中一个具有代表性的个案。实际上，在商业化浪潮的冲击下，在日渐世俗化的社会文化情境中，文学生产的主体——作家群体不可避免地发生了分化。首先是作家生存方式的变化。除了体制内的专业作家，自由撰稿人异军突起，成为文坛上一支不可忽视的创作力量。比如，王小波在1992年4月辞去中国人民大学会计系的教职专事写作；韩东也于1992年辞去了南京一所高校的教职，潘军离开了安徽省文联机关；余华于1993年辞去嘉兴市文联的工作落户北京专事写作；朱文于1994年辞去电力工程师的职务；吴晨骏于1995年辞去电力工程师的公职；李冯于1996年辞去大学教职从广西跑到北京专事写作。② 这种体制外的生存方式让作家在很大程度上摆脱了各种体制性因

---

　　① 李路明：《王朔究竟犯了什么罪？》，转引自高波主编：《王朔，大师还是痞子》，北京燕山出版社1993年版，第47页。
　　② 陈霖：《文学空间的裂变与转型——大众传播与20世纪90年代中国大陆文学》，安徽大学出版社2004年版，第68~69页。

素的规约和束缚，使作家获得了较为充分的写作自由。他们可以自由选择话语方式和审美取向，再也无须完全沿着体制规范划定的轨道循规蹈矩地行进。其次，作家的写作立场发生了分化。极少数作家依然坚守20世纪80年代的"精英"立场，以笔为旗，进行着道德主义和理想主义的激情呐喊。另外一些作家则注意从民间文化中吸取滋养以弥补以往精英话语的内在缺陷，以形成一种新的人文话语。而更多的作家，无论他们选择的是体制内还是体制外的生存方式，都尽力让自己和自己的创作实践适应市场化的生存环境、遵循商业化的生存法则。这部分作家构成了当代文坛上为数最多的群体，他们对自我角色的定位、对文学功能的理解以及写作目的和写作姿态都发生了根本性的变化，这对20世纪末的文学产生了重要影响。

首先，作家身份发生了位移。在20世纪末，相当多的作家拒绝了传统的启蒙者角色，重新定位自己的社会角色，完成了自我角色的世俗化确认。阿城把自己等同于芸芸众生："大家怎么活着，我也怎么活着。有一点不同的是，我写些字，找到能铅印出来的地方，换一些钱来贴补家用。但这像一个外出打零工的木匠一样，也是手艺人。因此，我与大家一样，没有什么不同。"[1] 池莉非常坦率地自称自己是和她笔下的人物一样的"小市民"。[2] 即使是曾经有着那么强的社会责任感和时代使命感的知识精英作家刘心武，也在新时代表达了对作家身份的新认识："作家不过是一种社会职业，跟其他的社会职业，并无本质区别。"[3] 对于作家传统角色的疏离和拒绝，对于自我文化身份的世俗化定位，使这些作家能够高度贴近大众的世俗生活，认同大众的价值观念和审美趣味。更为重要的是，这些作家对自我身份的世俗化确认能够得到大众的心理认同和拥戴。因此，作家对自我身份的世俗化定位在客观上成为一种立足于商业时代文化市场的必不可少的姿态。在进入文化市场并获得大众青睐之后，一些作家甚至有意识地把"市民作家""平民作家"作为一种自我包装，一种取悦读者的商业手段。

其次，很多作家对文学功能的认识发生了变化。市场化潮流消解了文学的神圣性，把文学下放到世俗的层面上。文学不再是"经国之大

---

[1] 阿城：《棋王小传》扉页作家简介，引自《棋王》，作家出版社1985年版。
[2] 池莉：《池莉文集》第四卷，江苏文艺出版社1995年版。
[3] 刘心武：《说严雅纯》，载于《光明日报》1994年3月30日。

业",不再担负拯人济世的崇高使命。它的宣教功能渐趋弱化,而娱乐功能却逐渐增强。很多作家对商业化时代文学功能的转变有着清醒的认识。他们不再把文学看作启蒙的利器或者某种思想理念的宣传工具,而是从市场消费的角度来理解和诠释文学的性质和功能,把文学看作一种世俗的、满足大众消费需求的艺术。谈歌在谈论小说创作时曾经说过:"小说应该是一门世俗的艺术。所谓世俗,就是讲小说应该是面向大众的艺术。失去了大众,也就失去了读者,也就远离了小说的本义。大众,就是小说的'大圈子'。"① 池莉也非常务实地认为"小说是一种俗物","文学作品不是人们生命中最重要的东西","它是一种看不见摸不着的依靠想象而存在的艺术,是人们的精神调剂"。②

作家对启蒙角色的拒绝和对文学功能的世俗化理解直接导致了其写作目的的转变和写作姿态的调整。在拒绝了传统的启蒙角色之后,部分作家在与文化市场的相互依存中确立起了自己作为职业作家的生存方式,其写作目的也因此发生了根本性的逆转。他们既不是为了启迪民智而写作,也不是为了宣传某种政治意识形态理念而写作,而是为了现实生存和物质功利而写作。何顿在小说《只要你过得比我好》的创作谈中就不加掩饰地说:"我纯粹是要吃饭才写作,而且不但自己要吃饭,还要靠写作养一个今年要读一年级的女儿,附带地还养老婆,因为老婆工资低。"③ 邱华栋在与刘心武的对话中也非常坦白地承认自己要通过写作进入社会的上层。④ 他们实际上代表了 20 世纪末一大批作家的创作心态。

与物质性、功利性的写作目的相适应,这些作家轻松地完成了写作姿态的调整,确立起了面对市场的写作姿态。他们普遍有着强烈的读者意识,以各种方式争夺和占领市场份额。王朔针对不同的读者群编织不同类型的故事,如他自己所说:"我的小说有些就是冲着某类读者去

---

① 谈歌:《小说与什么接轨》,载于《小说选刊》1996 年第 4 期,转引自方守金、李杨:《"现实主义冲击波"与新时期文学探索的终结——对 20 世纪 90 年代一种小说潮流的审视与批判》,载于《安徽大学学报(哲学社会科学版)》2004 年第 2 期,第 135~140 页。
② 陈国恩、王艳:《世俗认同与身份焦虑——论池莉的小说创作》,载于《江汉论坛》2004 年第 6 期,第 96~98 页。
③ 何顿:《写作状态》,载于《上海文学》1996 年第 2 期,第 36~38 页。
④ 刘心武、邱华栋:《在多元文化割据中寻找定位》,载于《上海文学》1995 年第 8 期,第 73~79 页。

的……《顽主》这一类就冲着跟我趣味一样的城市青年去，男的为主。《永失我爱》，《过把瘾就死》，这是奔着大一大二女生去的。""《渴望》是给老头、老太、家庭妇女看的，招老百姓掉眼泪的。"① 无独有偶，宣称"绝对不为青史留名而写作，不为教导别人而写作……纯粹为自己的灵魂和自己的读者而写作"的池莉，声言："我要寻找各种文学形式，我要寻找最好的技术，我要做出最精美的艺术品，我要夺回读者的目光。"② 池莉也确实在写作中实践着自己的宣言。20 世纪 90 年代中期，随着社会生活重心的转移，池莉的创作题材根据读者的阅读趣味进行了相应的调整，由"平民'仿真'走向了都市传奇，由老百姓的日常温情走向了大款和美女之间的惊世艳情，由柴米油盐的烦恼变成了男欢女爱的战争。"③ 在畅销情结的驱动下，很多作家甚至刻意逢迎读者市场的消费逻辑，削平作品的深度，贴着世俗生活的感性层面滑行，精心为大众制作文学的消费盛宴。他们把性、金钱、暴力以及五彩斑斓的时尚元素堆积在作品中，以撩拨大众的阅读欲望。

在市场化的生存境遇中，主动借助商业包装和大众传媒的炒作来制造和扩大市场效应，也已经成为许多作家夺取市场份额的普遍性策略。大众传播媒介的宣传攻势，对于引导、刺激和塑造读者的阅读趣味、培育读者市场具有至关重要的作用。在文学的市场化进程中，作家对于大众传播媒介的炒作经历了一个由被动接受到主动利用的过程。最能说明这一转变过程的两个事件分别是 1993 年《废都》的炒作和 1999 年《上海宝贝》的出笼。《废都》问世之前，全国各地的报纸都已经纷纷刊载贾平凹即将向世人奉献出中国当代的"《金瓶梅》""《红楼梦》"，"性描写""自叙传"是炒作的热点。这种铺天盖地的宣传声势极大地挑动了读者的好奇心和猎奇欲望，为《废都》的畅销奠定了基础：1993 年 6 月北京出版社首印 37 万册，不到一个月又加印 10 万册，这还不包括数倍于此的盗版。④ 需要注意的是，贾平凹作为精英知识分子作家突然抛出了以"性"为叙事中心的《废都》，这种创作上的突然转型是否可以

---

① 王朔：《我是王朔》，国际文化出版公司 1992 年版，第 20 页。
② 池莉：《给读者的话》，引自《池莉精品集》，长江文艺出版社 2000 年版，序言。
③ 刘川鄂：《小市民，名作家——池莉论》，湖北人民出版社 2000 年版，第 215 页。
④ 陈霖：《文学空间的裂变与转型——大众传播与 20 世纪 90 年代中国大陆文学》，安徽大学出版社 2004 年版，第 20 页。

看作是作家对市场化生存的一种回应呢？《废都》中连篇累牍的性描写和故意标明的删节，仅仅是出于表达的需要吗？很多人更倾向于把这看作是在文学被推向市场的时代作家对于读者心理的暗送秋波，要知道，"性"历来是大众阅读的兴奋点所在。对于大众传媒的热炒，贾平凹作为一个精英知识分子作家一直没有作出积极的回应和主动的配合。但是当时间推进到1999年，作家已经非常善于利用大众传播媒介来为自己的作品制造声势。在《上海宝贝》爆炒出炉的过程中，作者卫慧充分利用大众传媒的宣传和包装制造先声夺人的广告效应，以引起广泛的注意。她把自己的照片设计成香艳的、放射着诱惑力的封面，这种富有情色意味的封面设计是很能挑动大众的猎奇心理和窥视欲望的。她还自拟了三句富有挑逗意味的广告："一部女性写给女性的身心体验小说""一部半自传体小说""一部发生在上海秘密花园的另类情爱小说"。[1]在此过程中，出版商对于卫慧的行为一直保持配合与默认的态度，双方达成了一种没有公开但彼此心知肚明的默契。这样，在卫慧和商业传媒的共同策划下，《上海宝贝》被包装成了一个具有惊世骇俗的震惊效果的另类文本，一道满足大众窥私欲望的消费文化景观，从而在图书销售市场一路飘红：到2000年3月，仅仅半年的时间，《上海宝贝》已经再版了7次，印数达11万册。[2]《废都》和《上海宝贝》的畅销一方面让我们见识了大众传媒对于文学作品的促销威力，另一方面说明中国存在着巨大的消费市场，大众传媒的炒作在某种意义上意味着对读者市场的进一步开发。而卫慧与大众传媒的合谋则充分说明：在市场时代，一些作家已经不再是"灵魂工程师"，而是蜕变为一个大众消费话语的制造者、大众阅读趣味的迎合者和引导者。作家也不再是一个被动的"被推销"的角色，而是一个极为活跃的自我推销商，其在文学生产和传播过程中的行为具有非常明确的商业动机。

在20世纪90年代的商业化情境中，不只作家群体发生了分化、作家的创作实现了转型，作为文学生产环节之一的纯文学期刊也改变了经营策略。文学期刊是联系文学与市场、文学与作家、作家与读者的桥梁和中介。在80年代，文学期刊基本上处在国家统一管理和经营之下，没有生存的压力。但在90年代，市场经济进入文化领域，纯文学期刊

---

[1] 大卫：《卫慧：封面就是我》，载于《南方都市报》2000年2月11日。
[2] 邵燕君：《倾斜的文学场——文学生产机制》，江苏人民出版社2003年版，第274页。

成为自负盈亏的市场主体。在市场化的生存环境中,纯文学期刊在通俗刊物的冲击和挤兑下举步维艰。例如,著名纯文学期刊《收获》1993年的征订数只有8万册,1994年也只有9万册。而与此形成鲜明对比的是,通俗读物《故事会》1995年5月的发行量突破了400万大关。现实生存困境迫使纯文学期刊不得不正视自己的生存问题,重新考虑自己的办刊思想、明确自己的读者定位。20世纪90年代中期之后,纯文学期刊掀起了"改版"潮,纷纷实行市场化的运营和操作。一些期刊针对某一特定读者群体的阅读趣味,走上"专门化"的办刊道路。比如《芙蓉》将读者定位于20岁上下的年轻人,其封面装帧、栏目设置、设计风格和零售价格全部围绕他们的文化消费特点做文章。对应年轻人注重感性、兴趣广泛的特点,它增加视听艺术版块;对应年轻人在社会经济生活中尚处于边缘的身份特点,它对主流时尚持抗拒态度,推重具有前卫性的"另类文化"。而《佛山文艺》则抓住其地理环境的特殊性,明确地以庞大的打工族为主要读者市场。还有一些文学期刊则不拘泥于传统的版块设置,极力扩展文化方面的内容,力图把期刊从纯文学的狭窄道路上拯救出来,把刊物办成综合性文学杂志。《作家杂志》是一个典型的例证。《作家杂志》以美国综合性文化刊物《纽约客》为范本进行改版,增设随笔、漫谈、言论以及艺术类栏目,栏目的设置突出各门类之间的交叉性。[1]

  作家和期刊的转变都只是文学生产某一环节在市场机制下有意且无奈的调整。实际上,把文学生产的各个环节有效地组织起来,全面面向市场的文学生产机制已经浮出水面并进行着成功的运作,这就是读者市场、出版商和作家三者之间的互相作用和紧密结合所催生的畅销书生产机制。1993年"布老虎丛书"的隆重面世宣告了中国畅销书生产机制的正式确立,它也是90年代中国最成功的畅销书品牌。"布老虎"是健康的、为主流社会所认可的畅销书,其运作机制既遵循商业规范又兼顾文学性。"布老虎"的诞生和创作理念源于其总策划安波舜在读者调查中的意外发现。安波舜在对北京中关村和深圳的读者进行调查时惊喜地发现,中国的白领阶层对于高雅文学依然有着强烈的需求,同时他还认识到在市场经济无序竞争阶段梦幻在人们精神世界中具有非常重要的

---

[1] 邵燕君:《倾斜的文学场——文学生产机制》,江苏人民出版社2003年版,第39~68页。

作用。① 基于这一市场调查和分析结果,安波舜提出了"布老虎"的创作理念:"创造永恒,书写崇高,还大众一个梦想"。在具体运作中,安波舜诚邀洪峰、王蒙、张抗抗、铁凝、叶兆言等著名纯文学作家加盟"布老虎",将这些作家在文学圈里的影响力转化为文化市场的号召力,同时为他们实现自身的价值——有形的物质利益和无形的精神创造提供了空间和渠道。因此,可以说,"布老虎"的策划者与著名作家联手合力打造了"布老虎"这一畅销书品牌。"布老虎"既然是以营利为目的、以赢得市场为目标,就必然视读者为上帝。"布老虎"定位的阅读主体是白领阶层。针对白领阶层的阅读趣味,"布老虎"策划者提出了具体的操作规范:要取材于都市的现实生活;故事要富有可读性;要有理想主义和浪漫主义精神。遵循这样的操作规范,加盟作家们抽取雅俗共赏的畅销因素,调动自身精良的写作技巧来编织故事。由此不难看出,"布老虎"的生产方式具有文化工业的特征:根据白领阶层的普遍阅读趣味,遵循一定的模式进行批量生产。② 不过"布老虎"绝对不是粗制滥造,其"雅俗共赏"的审美追求帮助它吸引了那些有较高文学审美品位的读者,扩大了读者群,客观上也带来了丰厚的利润。从上面的分析可以看出,从有目的的市场调查、精心选择和签订作家一直到作品推向市场,"布老虎"形成了完整的市场化运作模式。在"布老虎"之后,还出现了"红月亮""布谷鸟""九头鸟"等畅销书品牌。中国的畅销书生产机制日益成熟和完善。

　　总之,在 20 世纪 90 年代,文学生产机制开始沿着市场的轨道运行,受众的阅读趣味(具体表现为读者市场的需求)对文学生产产生着日益深刻的影响。作家对文学题材的选择、对叙事技术的运用以及审美意味的传达,都受到了读者市场这个新的公共空间的制约。市民小说的创作也毫不例外。在市场化的环境中,作家的写作目的、价值立场都发生了根本性的变化,③ 而读者群体的审美趣味和阅读需求也通过市场对作家的叙事表达和审美追求构成了深刻的影响和制约。

---

　　① 安波舜:《"布老虎"的创作理念与追求——关于后新时期的小说实践与思考》,载于《南方文坛》1997 年第 4 期,第 5~6 页。
　　② 邵燕君:《倾斜的文学场——文学生产机制》,江苏人民出版社 2003 年版,第 132~158 页。
　　③ 前面在论述作家群体的分化时,已经涉及一些重要的市民小说作家,并对此有了较为具体的论述。

20世纪末,中国社会与文化语境的深刻变迁,决定着同时期市民小说的整体风貌与精神气质。社会与文化的世俗化转型使得作家生存的文化场域发生了根本性的变化。一些以市民生活为写作领域的作家,其自我文化身份认同及价值观念都与80年代有了明显的不同。他们自觉疏离80年代文学的启蒙话语,以身在其中的体察去书写和呈现具有时代特征的市民生活,表现出不同境界、不同特色和不同程度的世俗化倾向。

第4章 主题话语：日常生存哲学的阐释与张扬

20世纪末，中国日渐世俗化的社会和文化语境直接而深刻地影响了市民小说的主题话语。首先，在市场经济掀起的世俗化浪潮中，市民价值话语迅速崛起并在某些方面显现出了与现代化诉求相一致的内涵，令人无法回避它的存在并对其做出重新评价。其次，在市场经济语境中，当生存、物质、金钱这些市民文化符号逐渐成为时代的主题词和日益明确的社会生活目标时，20世纪80年代精神至上、超越世俗的精英知识分子启蒙话语逐渐暴露出了过度理想化、精神化的缺陷和乌托邦性质，不免显得空洞和矫情。在此历史情境中，精英启蒙话语也开始注意从日常生活中汲取精神资源，在叙事中融合鲜活的世俗生存经验和市民阶层的某些价值诉求。最后，在20世纪末，文学被推向市场，而文化市场的消费主体是市民大众，因此，文学要想占有市场份额，必须获得广大市民的认可，必然要即时表达市民的价值观念，表现和认可市民的生活欲求，反映他们的思想情感，使小说的主题话语书写能够贴近市民大众对于所处时代、社会与生活的感受。以上三方面因素，就促成了20世纪末市民小说主题话语总体上的世俗化倾向。20世纪末市民小说"欣赏并努力追求'精英文化'的个性与创造性，但其表述的策略却是大众化的而非书斋化的；它不拒斥知识分子对于终极价值与终极信仰的真诚追求，但它认为生活首先是实实在在的事，因此它更看重从平凡的、世俗的人生中寻找美，从充满人间烟火味的普通人身上来表达对于精神的守望"[①]。

从整体上看，20世纪末的市民小说基本上是从日常生存的角度来

---

① 《再说"新市民"——编者的话》，载于《上海文学》1996年第9期，第1~3页。

观照和书写市民生活的。人的日常生存是其思考问题的出发点和终极价值归宿。这种叙事立场体现在小说文本中，就是把一切都置放到世俗性的日常生活形态里，从日常生存的角度进行观照、理解、把握和阐释，并揭示其之于个人现世生存的价值和意义，从而建立起关于日常生存的、具有人间烟火气息的现代市民叙事主题话语。

4.1 日常生活的重新发现与价值阐释

日常生活是一个包罗万象、丰富多彩、经验的、自在的生活世界，"是以个人的家庭、天然共同体等直接环境为基本寓所，旨在维持个体生存和再生产的日常消费活动、日常交往活动和日常观念活动的总称，它是一个以重复性思维和重复性实践为基本存在方式，凭借传统、习惯、经验以及血缘和天然感情等文化因素加以维系的自在的类本质对象化领域。"[1] 日常生活蕴含着无比丰富纷繁、任何理论都无法完全概括的细节与复杂丰饶的内涵，本身充满了矛盾的张力：它一方面以衣食住行、男欢女爱、人情往来等切实的内容维系人类的生存繁衍，另一方面又有着年复一年的平庸、琐碎、单调，难免会销蚀人的锐气、消磨人的精神，造成人性的异化；它既包含着民主性精华，又藏纳着封建性糟粕；它既天然具有保守性和惰性，又孕育着变革的可能性；它既封闭又开放；等等。

在当代文学史上，相当长的一段历史时期内，日常生活由于其固有的琐屑、平庸、重复性和个人性，而难以在文学作品中成为独立的审美对象，无法呈现完整的自然风貌，其价值和意义也很容易被忽略、遮蔽、删减甚至否定。不同的文学类型具有不同的叙事目标与价值取向。宏大叙事致力于表现重大的时代主题，追求崇高、宏阔的史诗品格，平庸、琐碎的日常生活不符合其叙事目标和审美要求而无法被全面、细致书写，因此，日常生活中的私人性、世俗性内容在宏大叙事中经常被缩减。知识分子精英叙事同样拒绝和否定日常生活的平庸性，常常将日常生活等同于庸俗。对"理想"和"终极意义"的追求与探寻是知识分

---

[1] 衣俊卿：《现代化与日常生活批判》，人民出版社2005年版，第31页。

第 4 章 主题话语：日常生存哲学的阐释与张扬

子精英叙事一贯的价值目标，平庸的日常生活因为本身不具备超越性的理想价值而不能获得精英话语的认同。比如，《人到中年》虽然也写到了上班下班、住房紧张、经济困窘等日常性的生活内容，但却强调理想和精神对日常生活的超越，日常生活因为烦琐和平庸而被叙述为无意义的，是要予以否定的。换句话说，知识分子精英叙事"向来注重人生飞扬的一面，而忽视人生安稳的一面"，时常意识不到"后者正是前者的底子"。①

但是，日常生活绝非没有对意义的创造和维系能力，只不过这种能力常常被日常生活之外的力量所压抑和扭曲。衣俊卿指出："所谓日常生活，总是同个体生命的延续即个体生存直接相关，它是旨在维持个体生存和生产的各种活动的总称。"② 这一定义本身即充分肯定了日常生活之于个人生存的现实意义。

在 20 世纪末，经济体制改革以前所未有的速度推动了中国社会的世俗化进程，世俗精神逐渐成为时代的主导精神。在这种世俗化背景下，私人性的日常生活一改过去的卑微地位，理直气壮地成为作家的重要书写对象，作家们着力从看似平庸、俗气的私人性日常生活中发掘它本有的但却被长期遮蔽的价值。日常生活的书写者们往往从自己的切身经验出发去认识日常生活，以平民百姓的身份去体察、感悟和呈现日常生活。他们发现日常生活"原来就是复杂得千言万语都说不清的日常生活琐事"。③ 基于对日常生活的经验主义认识，大批市民小说自觉地放弃了对日常生活进行提纯和修饰的努力，转而从日常生活的世俗性、庸常性和琐碎性着手来如实地描摹日常生活。这种叙事方式本身就体现出对日常生活的自足性的尊重。他们站在民间立场上，坚持日常化的书写原则，将私人的日常生活从国家政治、理想道德等意识形态领域中分离出来上升为叙事本体，使之成为一个独立自主的审美表现对象，生动细致地描画日常生活的庸碌、琐细、平淡、恒长、诗意、美感，力图呈现出日常生活的本真、纷繁风貌；表现普通市民在日常生活中的欢欣、得意、忧愁、悲伤、失落、痛苦等生命体验，发掘日常生活"作为人的行

---

① 《张爱玲文集》第四卷，安徽文艺出版社 1992 年版，第 172 页。
② 衣俊卿：《回归生活世界的文化哲学》，黑龙江人民出版社 2000 年版，第 191 页。
③ 刘震云：《磨损与丧失——〈一地鸡毛〉创作谈》，载于《中篇小说选刊》1991 年第 2 期，第 88 页。

动中的认识的源泉和归宿的本质性"①，从而揭示日常生活本有的价值与意义。在市民小说对日常生活的朴素书写中，"各种理想、绝对价值都播散在凡人小事、日常琐屑之中而趋于湮没，"②原先被遮蔽的日常生活本有的价值和意义则有力地凸显出来。

4.1.1 日常生活之于生命个体当下生存的意义

20世纪末的市民小说既不是在日常生活之外寻找和确立日常生活的价值，也不是武断地否定日常生活本来的意义，而是从此岸生存的角度来阐释日常生活的价值和意义。它认为日常生活并不需要倚靠外在的思想拯救或人为赋予才能获得价值，它的价值不在任何理想化的超越之中，就在于世俗性的伦常日用本身：柴米油盐、衣食住行、生老病死、家庭人伦……这些烦琐的世俗性生活细节是任何人在现世生活中都无从缩减和省略的，它们构成了生命个体赖以生存的基本形式。

20世纪末的市民小说善于透过各种繁复、琐细的日常生活细节，刻画出日常生活最为稳定和恒久、最为真实和亲切的面貌。他们用全部叙事情节和细节证明烦琐平庸的日常生活恰恰构成了个人坚实的生存基础和生命意义的来源，强调普通人人生的意义，不再遥不可及、虚无缥缈的"彼岸"，就在平淡、琐碎的日常生活之中，这正如鲁道夫·奥伊肯说："生活不可能从外在于它自身的任何存在形式获得确定性或可靠性。它永远不可能从外部获得这些，而必须从它自身内部去寻求。"③徐惠照的小说《过了》书写了普通市民梁观洲一家平淡琐碎的日常生活细节：新婚恩爱和夫妻摩擦、育儿的辛苦与快乐、婆媳矛盾、母子关系……诸种烦琐的事件构成了日常生活饱满、复杂的内涵。这种直面琐屑日常的叙事立场折射了作家对日常生活的价值认同：男婚女嫁、养儿育女、家庭矛盾等家居日常虽然琐屑、庸碌，但却是现世生活最基本、最普遍的内容，是人生"素朴的底子"（张爱玲语），是任何人在现世生存中都无法取消和无从逃避、也不能用理想和精神进行取代和超越的。池莉《烦恼人生》中的印家厚，一天的日常生活中既有各种不期

---

① 乔治·卢卡契：《审美特性》第一卷，中国社会科学出版社1986年版，第35页。
② 单世联：《寻找反面》，上海远东出版社1994年版，第257页。
③ 鲁道夫·奥伊肯：《生活的意义与价值·附录》，上海译文出版社2005年版，第109页。

而至的烦恼，也有片刻的温情与诗意。这就是具有普遍性的普通人的人生模式。现实生活中，我们每个人都像印家厚一样，在琐碎又平淡的日常生活中担当着自己的生存，体味着生存的困惑和乐趣。刘震云《一地鸡毛》中的小林，每天要面对的都是一地鸡毛式的日常生活琐事：洗衣做饭买豆腐、夫妻口角、对付小保姆、老家来人、求人给老婆调工作让孩子入托、想办法换房子、帮同学卖烤鸭。这些复杂、严峻、日复一日、年复一年的日常生活琐事让人烦恼、无奈、倍感生活艰难，但它们作为普通市民所拥有的生活世界，"成了我们判断世界的标准，也成了我们赖以生存和进行生存的证明的标志"，"锻炼着我们的毅力、耐心和吃苦耐劳的精神"。[1]

上述小说通过对普通人日常生活细节的描摹，还原日常生活的本来面貌，同时"使意义和价值回到形而下，回到日常生活，回到生存现实"[2]，通过普通人的日常生活故事充分确认了日常生活之于个体生存的绝对性价值和意义：日常生活虽然琐碎、平淡、庸碌，既没有壮怀激烈的崇高，也没有超凡脱俗的理想，但是，它支撑着人的现实生存，是人生价值的原点和支撑。

在确认日常生活的价值的过程中，20世纪末市民小说并没有放弃对人作为一种生命存在在日常生活中的精神质地的考察和刻画。许多小说把日常烦恼作为人生不可避免的、也是普遍存在的精神状态来进行书写。李肇正的《住房烦恼》讲述了小丁、小林夫妻因住房漏水而四处奔波寻求解决的烦恼和怨尤。魏微的《薛家巷》着笔于小巷中几户人家家家那本难念的经，也无非是夫妻不睦、晚年寂寞、经济困窘之类生活琐事。在普遍的意义上说，诸如此类具体细微的日常烦恼在生活中无处不在，无法避免。它们时时打破日常生活的平静，困扰着人的身心，耗损着人的精神，让人不可能诗意地栖居。在这里，这些小说对于人生之烦的深刻书写与海德格尔人生在世"烦"的存在主义哲学产生了深深的共鸣。

那么这种烦恼人生就永远没有救赎的可能吗？另外一些市民小说则

---

[1] 刘震云：《磨损与丧失——〈一地鸡毛〉创作谈》，载于《中篇小说选刊》1991年第2期，第88页。

[2] 阎真：《新写实：意义的重构》，载于《湖南师范大学学报社会科学版》2005年第5期，第97~100页。

给出了明确的答案。它们认为获救的可能并不在于超越日常生活之外的彼岸镜像之中,而是隐含于实实在在的日常生活本身。日常生活并非总是与平庸和单调同行,它还蕴涵着诗意和浪漫,包含着人情温暖。相对于司空见惯的庸碌和压抑,世俗生活的日常情趣和人伦温情变成了一种拯救和超越的方式。池莉《太阳出世》通过一对平民夫妻在抚育孩子的过程中从粗俗、任性走向文明、上进的故事说明,"彼岸"就在于"此岸"的自我拯救之中。李小兰和赵胜天这对小夫妻原本是两个鄙俗的市井青年。女儿出生后,他们伴随着女儿的成长不断走向成熟。育儿的艰辛让他们体谅到了为人父母的不易,意识到了自己沉甸甸的责任和义务,于是,他们告别了以往的任性、无知和粗俗,开始奋发努力,追求文明、向上的美好生活。在《冷也好热也好活着就好》中,日常生活更是变成了一个诗意和温馨的世俗神话。普通百姓的日常生活被叙述得热热闹闹、情趣盎然。猫子、燕华这些年轻人夏夜在大街上乘凉,不厌其烦地讲着上班时的趣闻,随心所欲地开着粗俗玩笑,开开心心地去逛夜市,有滋有味地享受着世俗生活的乐趣。燕华爸爸等一群老人则津津有味地回忆着武汉的小吃。他们都自得其乐,无比满足。高温天气下一个体温表爆破的小事件,就给他们带来了话题,带来了乐趣。梁晴的《青菜汤》同样叙述了普通市民小胡在日常生活中的乐趣和伦理温情,以及他对自己生活状态的心满意足,肯定了日常生活中温婉、平易的人伦价值。这些市民小说都充分确认了日常生活的自在自足,它的意义不需要任何外在的思想理念来规定,其乐陶陶的生活本身就是意义的源泉。

20世纪末市民小说对日常生活的价值认同与意义界定具有深刻的文化意义。一方面,它否定了对日常生活的高蹈主义的意义设定,并在更深的意义层面上暗示了日常生活是伟大社会理想与革命的价值归宿:"人们用极其崇高甚至悲壮的气概和'淋漓的鲜血'换来的现代进步或解放,最终却必然是对平民那种安宁、琐碎的日常生活的肯定和保证。"① 这样,日常生活在20世纪末市民小说中获得了具有终极意味的、自足性的价值和意义。另一方面,它借助于日常生活本身的价值开启了一种新的启蒙维度,有效地反拨和纠正了20世纪80年代启蒙话语

---

① 唐小兵:《蝶魂花影惜分飞——漫话"现代性"》,载于《读书》1993年第9期,第105~110页。

的"凌空蹈虚"倾向。日常生活是一切现代性话语产生和发展的土壤，也是一切现代性思想的实践领域。池莉曾说过："我们的深刻、我们的精神、我们的现代意识生长在哪里？难道除了生活，除了切切实实的每个中国人都能感受到的生活之外还另有土壤？"① 这段话也可以看作是对80年代启蒙话语的反诘与批判。80年代的启蒙话语在本质上坚持理想主义的价值诉求，过度的理想化导致了它与现实生活之间的距离，也造成了它与一般民众的隔膜。它凌厉飞扬的终极价值追问因为脱离日常生活这一个人生存的现实基础而难以引起民众的回应与认同。因此，在某种意义上可以说，80年代的启蒙话语是呼啸在日常生活之上的一股旋风，需要着陆亲近人间的烟火以增加现实真切性。市民小说的日常生活叙事所确立的正是一种生活化的启蒙话语。它在承认日常生活的世俗性和琐屑性的前提下充分肯定了日常生活之于个人生存的重要性，认为人生的一切价值与意义也应从日常生活中去寻找。因此，它虽然不像以往的启蒙话语那样高蹈飞扬，却因为源自芸芸众生的实际生活而更易于与大众沟通，获得大众的认同。它实际上是在某种程度上从日常生活的角度包容了以往的启蒙话语，把以往启蒙话语关于"人为什么活着"的终极追问以及精神拯救之类缥缈的话题落实到日常生活这一坚实的现实生存基础上来。

4.1.2 日常生活在历史纬度上的永恒价值

作为人类生存的基本形态，柴米油盐、男欢女爱的日常生活"是各朝各代，天南地北都免不了的一些事，连光阴都奈何不了"②，具有超越时空和一切政治风云的恒久性、稳定性、普遍性。套用张爱玲的话说，日常生活代表了"人生安稳的一面"，"而人生安稳的一面则有着永恒的意味，虽然这种安稳常是不完全的，而且每隔多少时候就要破坏一次，但仍然是永恒的"。③

在历史上，无论时代如何演变，日常生活总是突破一切历史潮流的覆盖和阻隔以及一切外力的干预与破坏，按照自己的惯性一如既往地向

---

① 池莉：《写作的意义》，载于《文学评论》1994年第5期，第15~22页。
② 王安忆：《我眼中的历史是日常的》，载于《文学报》2000年11月11日。
③ 《张爱玲文集》第四卷，安徽文艺出版社1992年版，第172页。

前运行和流逝。不管时代风云如何变幻，在民间，"养家糊口的实业依然如故"（马尔库塞语）。

在20世纪90年代，很多作家总是喜欢沿着历史的框架还原和重构"食色"层面的日常生活，将日常生活提升到超越时空的具有永恒意味的本体高度，赋予它某种形而上的品质，从而在历史背景上突出、强调日常生活的特殊地位，传达作家对日常生活永恒价值的尊重。

池莉《你是一条河》将普通市民的日常生活置放在宏阔的历史背景上进行书写，以突出日常生活面对天灾人祸的阻断和变幻不定的历史潮流所表现出的强大生命力和恒常品格。她首先要考虑的是一家九口的吃饭问题。她率领儿女们兜揽活计，竭尽全力谋求起码的温饱，艰难且顽强地挺过一次次的历史劫难。在几十年的岁月中，辣辣一家的日常生活就在谋生求活、生老病死中日复一日、年复一年地延伸。王安忆最为擅长在历史的背景上展现日常生活的绵长和恒定。《长恨歌》凸显了日常生活不能被时代洪流切断的连续性和永恒性。以王琦瑶为代表的男女情爱、人情往来、衣食住行等民间的日常生活如长流的细水，在波澜起伏的历史潮流中绵延，并不因为历史的巨大转折和频繁的政治运动而断裂。即使弄堂外的社会运动已经如火如荼，而讲究的饮食起居、坊间的各种流言、暧昧的男女私情、冬夜的围炉夜话等私人性的日常生活却从容地避开了时代的风浪，在弄堂深处委婉曲折地潜滋暗长。风云变幻，世事沧桑，多少繁华、热闹都如过眼烟云，始终屹立不倒的是这实实在在的柴米生计和纠缠不清的儿女私情。《"文革"轶事》叙述了"文革"时期上海弄堂里几个闲居在家的普通男女的日常生活。其中既有螺蛳壳里做道场的精致和讲究，也有为了自身利益的暗中挤兑和算计。种种微妙的家庭矛盾和隐隐约约的儿女私情在亭子间这一狭小的私人生活空间中渐次展开。王安忆通过这篇小说旨在说明，民间在漫长历史中日积月累形成的日常生活方式具有一种恒常的稳定性，时代风云虽然以翻江倒海的气势改变了社会生活的面貌，却改变不了上海屋檐下柴米油盐、吃饭穿衣、谈情说爱等基本的日常生活方式。陆永基的《猫眼里人事》同样在叙事中着力突出了日常生活的永恒品性。从清末民初到20世纪90年代近一个世纪的岁月中，无论时代风云如何变幻，始终不曾变更的是猫眼里这条寻常小巷中市井平民们吃饭穿衣、男欢女爱、生老病死、家长里短的日常生活形态。作家通过对不同时代的日常生活的历时性书写旨在阐明：沧海桑田，世事变迁，唯有日常生活总是那么地永恒，它超越一切历史潮流的变幻，遵循着历史和文化的巨大惯性一如既往地流逝和运演。

在回眸历史、凸显日常生活的恒久性的过程中，上述市民小说还深刻地揭示了日常生活在历史洪流中对人的存在的价值和意义。日常生活是民间百姓安身立命的根基。在变幻莫测的历史潮流中，日常生活如同诺亚方舟，渡人无限。"亭子间里油烟腾腾，油锅哗哗剥剥地爆，这有一股温暖和单纯的日常气氛，叫人心中安定踏实。它使人想要一点一滴细水长流地生活。它是那种最不可少的基本生活细节，这细节充实了我们寂寥的身心，是使我们在无论多么消沉的时日里都可以安然度过的保证。它像最平凡的水那样，载起我们人生的渡船。"这是王安忆在小说《"文革"轶事》中对日常生活的救赎功能的一种感性化的描述，琐细的日常生活细节因为作家生命感悟的融入而具有了审美意味，呈现出了它之于个人的存在的价值和意义。这就使得日常生活超越了表面的平庸琐屑而具有了形而上的本质性价值。迟子建的《五丈寺庙会》则深刻揭示出民间的日常生活方式是对抗历史灾难、维持种族生存的手段。无论日本人的统治如何残暴，小镇上的普通百姓们始终遵循惯常的生存方式一如既往地生活着，养家糊口、逛庙会、烧香拜佛、男女情爱、夫妻吵架……在这里，民间最基本的日常生活方式是人类生存的基本支撑点，它抗拒和消融了战乱对生存的破坏和挤压，维系了民间百姓生存的连续性和自足性。

事实上，无论是《长恨歌》《"文革"轶事》《你是一条河》还是《五丈寺庙会》，都是在历史背景上展开对日常生活的书写，强调普通百姓正是借助于日常生活的支撑才度过了各种各样的艰难岁月，以此传达了作家对日常生活的价值判断：日常生活是个体生命存在和延续的根本保障，是维系人类生存的根基。人类正是在饮食男女这种最基本的日常生活形态里才得以生生不息地繁衍和存续。

概言之，20世纪末很多市民小说都站在民间立场上，着力于呈现柴米油盐、吃喝拉撒、男欢女爱等个人生活最原初的日常形态。而这种日常形态，又是人类生存的基本支撑点和民间亘古不变的生活内容。市民小说通过对日常生活恒常形态的孜孜书写构建了一种新的生存哲学：人类的基本生活就是这样，无可抗拒也无可回避，在某种意义上无须修正也无须拯救，它以自己的力量表达了凡人的真理。

4.2　凡人话语的平民化建构

日常生活是人生在世的本体性存在状态。20世纪末一些作家站在平民立场上去体察和呈现人在这种日常状态中所表现出来的种种本质品性，由此构筑了一种富有世俗生活气息的凡人话语。

不同类型的文学叙事话语由于创作目的与主题表达不同，对人的书写角度和侧重点自然也不相同。主流文学侧重表现人的崇高精神境界、英雄主义气概和无私奉献精神等崇高品质。精英知识分子启蒙叙事出于"立人"的启蒙目的，其所倡导的人性、人格不是以现实生活中的世俗人群为参照和模本，而是在此基础上的升华和提纯。这在很大程度上是一种理想化的描述或者说是一种话语虚构。既然这种"人"的话语是一种理想话语，就不免会回避和剔除个人在世俗生活中所表现出来的不符合理想规定的、但却是真实的本性。普通市民在平淡庸碌的日常生活中所表现出来的一些真实而自然的生存品性，比如，卑微、凡俗，却多是为这两种文学话语所忽略的。

20世纪末的市民小说与此不同。作家们深入普通人的日常生活，洞察到了普通人在世俗性的生存状态中所表现出来的凡俗属性。与此相适应，他们把城市平民放在世俗性的日常生活中进行书写，着重表现他们在日常生存状态中所流露出的各种自然属性，从而还原了被以往的某些主流文学和精英知识分子启蒙文学所忽略的真实人性，构筑起一种新的"人"的话语。这在某种程度上具有创新性意义。

平凡是人在世俗生活中的一种基本品性。20世纪50至70年代的主流文学、80年代的精英知识分子启蒙文学即便是描写普通人，也要极力从其平凡中挖掘出不平凡来。20世纪末的市民小说恰恰相反。作家绝对不刻意去升华人物的平凡品性，而是把这种平凡非常本色地凸显出来。从《一地鸡毛》中的小林、《落日》中的丁家子孙、《贫嘴张大民的幸福生活》中的张大民一直到王安忆《富萍》中的娘姨船工，他们在文本空间中都是生活在尘世中的平常男女，是彻头彻尾的凡夫俗子、庸碌无为的芸芸众生，只知道在世俗生活中平平淡淡地活着。范小青最擅长描写平凡的普通人，刻画他们于平凡生活中透露出来的淡然、超脱的精神气质。《清唱》《晚唱》《伏针》《瑞云》中的普通市民，都是以顺其自然、随缘自适的良好心态遵照日常生活本身的逻辑平心静气地活着，满足于平凡的生存状态。《清唱》里的评弹老艺人蒋凤良，人生极为平凡，为人谦和随性，没有因为自己是有一些名气的资深艺人就恃才傲物，或者对自己当下的生活状态心有不甘。他就像千千万万普通的市井细民那样，安于自然、平凡的生活，守着普通人的本分：听说了老张的病情后他也忍不住难过；他向来不轻易收徒授业，收了徒弟也不许徒弟以他的名头在外面招摇；为了居委会书场，蒋先生出于热心四处张罗。《晚唱》描写了一个小学教导主任余觉民平淡的退休生活。余主任在任的时候忙忙碌碌，退了休也闲不住，只是忙碌的都是平常的小事情：和老友们下下棋，聊聊天，喝喝茶，有兴致时写点小文章或者到外面去讲讲课。生活尽管平淡，但也不乏情趣和乐趣，余主任就这样闲散、自在、悠然、又兴致勃勃地享受着退休后的清闲时光。《伏针》中的陈先生，是一位民间名医，有一手高超的祖传针灸技术，曾经治好了电视台节目主持人的面瘫。可是时代变了，他的子女们都不愿意传承祖上的医术。即便这样，陈先生并不认为这是多大的遗憾，他既不伤心也不生气，日子照旧平淡如水地过下去，后来收了亲戚家的孩子当徒弟。《瑞云》中的主人公残障女孩瑞云，始终安安静静地生活着，以与世无争的态度淡然对待生活中的一切，无论是街谈巷议、小孩子的取笑，还是诈骗性的认领，又或者带有利益考虑的爱情。她始终以一颗富于包容性的平常心来看待纷纷扰扰的世事人生，不在乎生活中的得失恩仇，也不会因为得意失意而烦忧焦虑，只是一心一意经营着服装店的生意。这些小说中的人物和他们的生活再寻常不过，是我们每个人都非常熟悉的，但他们却又于平凡中表现出一种淡泊、达观的精神气度。

  作家们对普通市民的平凡人生没有进行激进的批判，而是以身在其中的体察肯定了它的价值："所谓人生的价值，所谓生命的意义，根本用不着上穷碧落下黄泉地去苦苦寻觅，而原本就在于日复一日地凡俗人生中。"① 市民小说对于普通市民平凡本性的体察和认同抵达了一定的哲学高度，它通过这种价值立场表明："凡俗，无疑也是人类的价值天

---

① 王彬彬：《功利与唯美之间》，学林出版社1994年版，第125页。

地里不可或缺的一种维度，而且，甚至可以说是最基本的价值维度。不管怎么说，人在总体上永远是一种凡俗的存在，而且也应该是一种凡俗的存在。凡俗是人的存在的一种最本质的规定性。"[1]

与平凡相伴而生的是人的卑微性。在城市的日常生活中，生命个体是一种卑微的存在。城市的规模不断扩大，城市中的个体越来越无法从整体上把握他所置身其中的世界。不仅如此，由于城市中的日常生活不像乡村那样相对单纯和稳定，它本身就是充满矛盾和冲突的所在，所以，个人在日常生活的很多方面也同样无法随心所欲。面对变幻不定的城市生活和无法预测的命运，人的卑微和渺小是经常性的生存体验。对于一个普通的凡人来说，生命的昂扬与个性的伸张永远都只是一时，更多的则是处于一种随波逐流的生存状态。

20世纪末不少作家都对人的卑微性有着深切的体认。朱文曾经说："我觉得人被流放到这个星球上，卑微是自然的品质，是命运注定的。做人做得洋洋自得，实在令人费解。"[2] 基于这样一种对人性的体察，出现在朱文一系列小说中的同名主人公小丁，从来都是按照生存的惯性一天天无聊地混下去，有时候也有改变什么的念头但最终却什么也改变不了，只能在生活中随波逐流。在邱华栋的《城市战车》《城市马群》里，庞大的北京城，对于那些漂泊流浪的人群来说，始终是一种强大的异己力量。在它面前，个人是如此渺小，个人的力量是如此微弱，在人与城的对峙和较量中，个人总是失败。即便是那些生活安定的普通市民，也依然摆脱不了卑微的宿命。比如《贫嘴张大民的幸福生活》中的张大民这样的市井百姓，终日为基本的生存条件劳累奔波，在这样的设定下人的主体性又体现在哪里呢？

知识分子精英启蒙叙事倡导"大写的人"，旗帜鲜明地反对庸俗，这恰恰与世俗生活中人的真实的存在状态相左。人在世俗生活中时常处于一种庸俗的生存状态。在20世纪末，较早认可和宣扬人的庸俗性的当数王朔。作为市民阶层代言人的王朔，在其"顽主"系列小说中，明确肯定了庸俗作为人的一种生存状态的合法性。之后，何顿、石康和张弛等人与王朔一脉相承，都在各自的小说中重新确认了庸俗的价值，

---

[1] 王彬彬：《功利与唯美之间》，学林出版社1994年版，第125页。
[2] 林舟：《朱文——在期待之中期待》，引自《生命的摆渡》，海天出版社1998年版，第124页。

将庸俗作为生命存在的本体性方式并赋予其存在的合法性。张弛《我们都去海拉尔》重温了"我是一个俗人"的境界。一帮从事各种所谓文化工作的哥们儿终日聚在一起声色犬马地厮混,他们从不以文化精英自居,更不认为自己从事的职业是多么高尚。他们没有任何超越性的人生追求,而是整天沉浸在轻松愉快的世俗生活享受之中,其所有的行为都建立在对精英知识分子启蒙话语所规定的人生意义的否定之上。作家以欣赏的态度来描述这种在精英知识分子看来无比庸俗的生活,认为这才是一种真正的人的生活。石康《支离破碎》所肯定的也是一种以吃喝玩乐为主的庸俗的生存方式。庸俗在精英知识分子启蒙话语中是要被否定和批判的,但在 20 世纪末的市民小说中,却被赋予了一种生命本体意义并得到了张扬。

同时,一些作家还采用了褒贬分明的对比策略来伸张凡人的生存品性。即,在文本中设置了精英知识分子和普通市民二元对立的形象序列,以前者的虚伪迂腐、自命清高来反衬后者真实自然的性情和务实能干的生存品质,进而达到对普通市民世俗品性的价值认可。

在相当长的历史时期内,中国的精英知识分子总是以真理的阐释者、开启民智的布道者自居。与精英知识分子对自我角色的定位相适应,在启蒙文学中,精英知识分子总是凌驾于一般庸众之上,具有崇高的理想追求、拯人济世的宏伟抱负和完善的道德修行。而到了 20 世纪末,一些作家则站在市民价值立场上重新观照精英知识分子,看到了其人格中的负面因素。比如,王朔就曾嘲笑一些精英知识分子"把自己经营的那一亩三分地想象成一个大庄园,每一个新到者都应该表示对他们的尊敬"。① 他们都毫不留情地贬斥精英知识分子在日常生存状态中所表现出来的负面品质,同时伸张普通市民的生存品格。

王朔对他一贯的价值立场直言不讳:"我的作品的主题……用一句话来概括比较准确……就是'卑贱者最高明,高贵者最愚蠢。'"② 他刻意丑化知识精英,极力夸张和放大精英知识分子在日常生活中的人格弱点,肆无忌惮地对精英知识分子进行贬斥和嘲笑。在他笔下,知识精英几乎完全成了虚伪、愚蠢和自高自大的代名词。《顽主》中的作家宝康,明明是一个志大才疏的俗人,却故作清高、自命不凡。《一点正经

---

①② 王朔:《王朔自白》,载于《文艺争鸣》1993 年第 1 期,第 65~67 页。

没有》中的古德白自吹自擂是现代文学大师、教导人民大众的启蒙先驱,实际上却心胸狭隘、性格孤傲,是一个庸俗的自大狂。与此形成鲜明对照的是,于观、杨重这些都市痞子却率性而活,嬉笑怒骂,毫不做作,自有一种潇洒快活的凡人风采。

池莉也不例外。池莉的许多小说中都存在着市民与精英的对照结构。池莉激赏普通市民的务实品格,但一写到精英知识分子,池莉就不可抑制地流露出嘲讽和揶揄之情。池莉曾经这样表达她对文化精英的看法:"中国文人是有模式的……他重在精神,自感是名士是精英,双脚离地向上升腾,所思所虑直指人类永恒归宿,现实感常常错位"①。在《你以为你是谁》中池莉用调侃的语言、嘲笑的口吻描绘大学教师李老师的可笑行为。李老师自认高尚和深刻,却深深迷恋小市民的世俗生活。为了显示自己的文化身份,证明自己高于市井俗众,他常常要找到冠冕堂皇的借口才能进行实际的生活。与李老师形成鲜明对比的是他的邻居——个体户陆武桥。陆武桥样样拿得起放得下,敢作敢为,活得真实而自然。与之相比,李老师则显得虚伪、猥琐和矫情。《你是一条河》中的辣辣具有在任何艰难困苦中挣扎求活的生存能力,而她的小叔子——精英知识分子王贤良却几乎没有任何谋生的本领和能力。在实际的、艰难的现实生存中,与市民的生存能力相比,精英知识分子的文化人格显现出了它的迂腐与无能。池莉以市民的活命本领为参照,对精英知识分子的文化性格进行了反思、讽刺和批判。

湖南作家何顿对精英知识分子人格的审视和批判较之池莉更具有文化深度。他总是以市民阶层的经济生活为背景来塑造精英知识分子的形象,并从当代精英知识分子的精神历程和知识结构方面对精英知识分子的文化人格进行嘲讽,精英知识分子在何顿小说中多是懦弱、无能、迂腐和委琐的形象。《无所谓》中的李建国,原是胸怀宏伟抱负的优秀大学生,参加工作后,他那种济世救人的启蒙情怀在商业社会中遭到了无情的嘲笑,最后沦落为一个怯懦、委琐的小贩并死于非命。《跟条狗一样》通过一个没有多少文化的个体户的眼光来打量精英知识分子,取笑他们的清高和自大。何顿的小说中同样暗含着市民与精英知识分子的对立结构。可贵的是,他没有陷入简单的厚此薄彼,而是冷静地揭示出精

---

① 池莉:《写作的意义》,载于《文学评论》1994年第5期,第15~22页。

英知识分子在社会转型期的失落并不仅仅是由于市场经济的冲击,而是与精英知识分子一贯的人格弱点有密切关系。

不能否认,上述小说对精英知识分子人格弱点的揭露和批判确实触及了其自命清高、迂腐矫情和自我膨胀等劣根性。或许可以说,在积极的意义上,20世纪末市民小说为精英知识分子提供了一面反观自身的镜子,有利于精英知识分子的自我反省和自我矫正。但是,当这些作家将精英知识分子的文化人格纳入市民文化视野中进行审度时,只是观照到了精英知识分子文化人格中的非本质性因素,而忽略和遗忘了现代精英知识分子本质性和主导性的人格因素——现代理性精神。另外,他们对精英启蒙话语的贬斥含有一种来自自身经历的嫉妒和敌视心理,如王朔,之所以肆无忌惮地谩骂知识分子,是因为"没念过大学""受够了知识分子的气。"① 这就会不可避免地导致偏激和狭隘,在批判中时时暴露出粗鄙的痞子习气。与此同时,出于对普通市民的偏爱,他们对其性格弱点缺乏必要的审视和批判,这就使得他们对于凡人世俗品性的认可与张扬带有某种片面性。

尽管普通市民在日常生活中是一种平凡、卑微的存在,但是在他们平庸的生存状态中依然蕴涵并生长着一种崇高的精神。这种崇高精神来源于芸芸众生的日常生活,具有浓厚的日常化和世俗化色彩。很多作家洞察到了普通市民在庸常的生存状态中所表现出来的崇高精神。这种崇高不同于张承志《北方的河》所推崇的崇高。在《北方的河》中,崇高不是来自感性的世俗生活,而是来自对理想"九死其犹未悔"的执着追求,来自超越世俗生活的生命体验。这种激进的崇高话语牺牲和取消了个人日常生活的意义,其所有意义仅仅停留在形而上的精神层面。在20世纪末的世俗化语境中,《北方的河》里那种崇高话语的虚妄性日益显豁:它仅仅是精英知识分子自己的精神追求,既不能满足现实人生的任何实际需要,也不能替代日常生活本身。或许,它的意义只在于为社会的自我反省和批判提供一份精神参照。有的作家对这种崇高是持质疑态度的,比如池莉就曾经说过:"我从来都蔑视没有事实背景的激情与崇高。"②

---

① 王朔:《王朔自白》,载于《文艺争鸣》1993年第1期,第65~67页。
② 池莉:《我——代后序》,引自《池莉文集》第5卷,江苏文艺出版社1998年版,第365页。

在20世纪末，一些作家注意从市民的日常生活中，尤其是从平民百姓为生存所进行的挣扎和奋斗中发掘崇高精神。在作家看来，崇高主要表现为平民百姓在对抗命运和消解苦难的过程中所爆发出来的强悍生活意志和不可摧折的生存精神。这样，在市民小说中，崇高终于脱离了形而上的精神领域回落到形而下的世俗生活世界，并具有了切实的生活内涵和温暖的人性气息。

作家们首先从普通市民主动对抗和消解苦难的求生过程中发掘出了顽强坚韧的精神。当苦难出乎意料地降临到日常生活中并成为生存的障碍时，出于生存的本能，普通市民常常以无畏的姿态主动担当苦难，并积极采取行动，以"兵来将挡，水来土掩"的朴素生存策略去对抗和消解苦难。池莉曾说："我尊重、喜欢和敬畏在人们身上正发生的一切和正存在的一切。这一切皆是生命的挣扎与奋斗。它看起来是我们熟悉的日常生活，是生老病死，但是它们的本质惊心动魄，引人共鸣和令人感动。"[①] 这种"引人共鸣和令人感动"的东西即是普通市民在日常生活中所表现出来的坚忍顽强的生存精神。池莉的《你是一条河》礼赞当代民间"一种不屈不挠的活。"女主人公寡妇辣辣顽强不屈的生存意志和对抗苦难的生存能力是对崇高话语的生动阐释。辣辣一生经历了新中国不同时期的艰难岁月，极度的贫苦既培养了辣辣吃苦耐劳的精神，也让她历练出了刚强坚韧的生存意志。丈夫意外死亡之后，辣辣首先面对的就是如何养活一大群未成年的子女。她率领孩子们兜揽各种活计在动荡多事的年代艰难求生。在民间，当生存成为根本性的问题时，人所关心的就是如何生存下去，至于常态社会中的道德规范对于他们而言已经不是什么重要的问题了。为了生存，辣辣在饥馑的荒年先后与粮店老李、血库老朱苟合以换取活命的大米和卖血的便利，她还默许了儿子社员的偷窃行为。对于辣辣这些违反通常的道德规范的谋生行为，池莉没有站在维护主流道德的立场上进行尖锐的批判，而是在肯定生存优先性的前提下称许了其中所体现出来的不屈不挠的生存意志。在漫长的艰苦岁月中，除了生活的艰难，辣辣还经受了子女的疯癫、意外死亡和离家出走等突如其来的打击。但这些不期而至的灾难并没有摧毁辣辣的生存意志，她一如既往地生存下去，一直到了生命难以为继的那一天。池莉

[①] 池莉：《我——代后序》，引自《池莉文集》第5卷，江苏文艺出版社1998年版，第365页。

曾经在一篇访谈录里说过："是谁在支撑中华民族？是最广大的人民，是最真实的市民，是我们九死不悔、不屈不挠的父母兄弟。正是他们在恶劣的环境里顽强地坚持了对于生活的热情才有了今天的我们。"① 辣辣身上这种不屈不挠的生存精神可以看作是池莉对她所理解的民族精神的具体而生动的阐释。余华的《许三观卖血记》叹赏底层市民在对抗苦难的过程中所表现出来的"单纯而伟大的力量。"② 这篇小说让我们看到了坚韧的民间生命是以怎样的方式抗拒着天灾人祸对于日常生存的戕害与阻断，在各种困苦中生生不息地顽强延续，而崇高也就蕴涵在普通市民在苦难面前所表现出来的百折不挠的生存意志和强劲有力的生存精神之中。面对生活中接连不断降临的苦难，许三观没有畏缩，而是坦然地承担下来，并积极应对。作为小人物，许三观所采取的唯一应对方式就是卖血，他以重复的卖血行为抵抗和消解着苦难。李佩甫《学习微笑》与上面两篇小说一样，赞赏民间百姓直面苦难、突围生存困境的生命强力与生存勇气。这种挣扎求生的精神，站在传统的启蒙立场上来看，是"逆来顺受""苟且偷生"的国民劣根性，是一种需要批判的苟活；而如果站在民间立场上来看，则是"留得青山在，不怕没柴烧"的乐观和对生命本身的珍视。加缪说："在一个人对生命的依恋之中，有着比世界上任何苦难都更强大的东西。"③ 普通市民在顽强对抗苦难的过程中所表现出来的坚韧精神，正是支撑人类生生不息的强大力量。在这里，普通市民韧性的生存精神在作家人文情怀的观照之下，喷发出质朴、强悍的生命气性，超越了民间生存的粗鄙表象焕发出耀眼的光华。

另外一些作家则认为普通市民对苦难的顽强承受也是一种值得赞美的崇高精神。民间的普通百姓常常受到无常的命运的拨弄。在很多时候，渺小的个人是无法与命运相对抗的。当命运被某种先天的因素所规定，当生命的进程被某些个人无法预知、无法把握、更无从抗拒的外在力量所破坏时，个人只能默默地承受着命运所施加的各种苦难。但是，这种对苦难的被动承受并非麻木不仁，其中依然蕴涵着对命运的达观态

---

① 池莉：《创作，从生命中来》，载于《小说评论》2003 年第 1 期，第 32~35 页。
② 余华、杨绍斌：《我只要写作，就是回家》，载于《当代作家评论》1999 年第 1 期，第 4~13 页。
③ 阿尔贝·加缪：《加缪文集》，郭宏安等译，译林出版社 1999 年版，第 627 页。

度，蕴藏着坚忍顽强的生命活力。因此，普通市民坚韧的生存精神并不单单表现为对苦难的抵抗和消解，也表现为对苦难的兜得起、抗得住的承受以及承受之中依然褒有的对生活的热情。王安忆曾经在她的一些随笔和小说中把上海市民坚韧踏实的生存精神概括为"上海心"，并且认为上海的女性是最能体现这种上海心的。《长恨歌》中的王琦瑶就有一颗经得住命运沉浮、应付得世事变迁的平常心，这颗平常心支撑她度过了迭经变故的人生。当她依靠的李主任突然消失得无影无踪，当她无法与康明逊结婚只能独自抚养私生女，当自始至终爱她、呵护她的程先生自杀，她处变不惊，依旧泰然地活下去，靠的就是这颗在世俗生活中千锤百炼磨砺出来的平常心。《"文革"轶事》中的胡迪菁、《妹头》中的妹头、《富萍》里的富萍、奶奶、宁波太太还有残疾青年母子都是有这样的"上海心"的。他们在各种艰难困苦中牢牢抓住日常生计，仔细盘算，稳扎稳打，努力把日子过好，生活得踏实且执着，表现出了千方百计生活下去的勇气和韧劲。王安忆认为这样的活法"绝对不是苟活，不是动物性的本能，而是具有精神的攀高的意义。"[①] 这些普通的市民，无法把握时代的更迭变换和命运的骤然变幻，却可以把握自己的日常生活，正是在日常生活中表现出来的对于生活的热情和富有韧性的坚持，才使得他们克服了各种苦难顽强地生存了下来。宁波太太体现了市井百姓包容、承受和消化一切苦难的生存精神，让我们看到了在生存磨难中民间生命所表现出的顽强柔韧的生存品性。她早年丧夫，中年丧子，年幼的孙子们嗷嗷待哺。面对生活的磨难和命运的无情打击，这个官宦之家出身的旧式妇女，先是放高利贷，后来决然举家搬迁到上海。她不惧风险做投资生意，凭借强悍的生存意志在繁华的上海滩落地生根，创建了一份殷实的家业。王安忆认为，普通市民这种柔韧顽强的生存精神正是让上海这样的繁华大都市不断发展的内在动力，是支撑上海的坚实底座，上海存在和发展的历史就是靠这种精神维系的。

上述市民小说赋予崇高以一种崭新的精神内涵：崇高不仅仅存在于献身国家民族解放的壮举和锲而不舍的理想追求之中，也存在于普通市民的日常生活里。普通百姓在困窘生活中的忍耐和执着，在艰难困苦中所表现出来的顽强不屈的生存意志和蓬勃旺盛的生命活力，也是一种崇

---

① 王安忆：《柔软的腹地》，载于《小说选刊》1998年第2期，第43页。

高。这种崇高较之于以往文学话语所推重的崇高更富有鲜活的人性血肉和浓郁的现实气息，因此也更加贴近市民大众对人生的理解和感受。

从根本上说，市民大众所表现出来的凡俗品质和崇高精神，都建立在他们对自己的生存价值观的身体力行上。对于广大市民来说，世俗生活中的一切行为选择都要服从个人的生存意愿或者现实生存需要。这可以说是一种世俗生存价值观。在20世纪末，这种价值观得到了很多作家的衷心认同与张扬。在小说中，作家对于世俗生存价值观的肯定和张扬表现为两种形态：

一是通过对精英知识分子启蒙话语的嘲讽来确立个人生存意愿的合理性。在20世纪80年代，启蒙话语对于市民大众来说是一种具有异质性的权威话语。因此，相对于市民大众的世俗生存价值观，启蒙话语是一种压抑性的存在。但是，随着商业化时代的到来，粗鄙的物质实践将原先高高在上的精英知识分子冲击到社会的边缘，原先被神圣光圈所掩盖的启蒙话语的内在缺陷日益明显：它把人的存在过于精神化，不能呼应商业化时代广大市民的世俗性生存要求。与此同时，伴随着世俗化进程的迅疾进展，市民价值话语迅速崛起，构成了挑战和解构启蒙话语的强大力量。王朔是讥讽启蒙话语、为世俗生存价值观张目的先头兵。他早在《一半是海水，一半是火焰》里就针对学校举办的"五四青年读书演讲会"，借主人公之口对启蒙话语发出了轻蔑的嘲笑："我只是觉得你们大学生喜好这套有点低级，想了解什么，自己找书看不就行了？而且这几位演讲者的教师爷口吻，我一听就腻。谁比谁傻多少？怎么读书，怎么恋爱，你他妈管得着吗？自己包皮还没割，就教起别人来了？"他的《顽主》更是以痞子的姿态对启蒙话语进行了痛快淋漓的嘲谑和揶揄。赵尧舜在于观这伙不务正业的顽主们面前装扮成"救苦救难"的救世主形象，总是见缝插针地对他们进行道德说教和精神启蒙，试图把他们引上光明正道。但于观这伙痞子根本不听劝诫。他们按照自己的生存意志活得自由自在、开心快活。不仅如此，他们还对赵尧舜极尽挖苦和取笑。最后，在这些顽主们的讥讽和挤兑下，赵尧舜落荒而逃。启蒙话语在真实自然的市民生活方式面前一败涂地。石康在《支离破碎》中借主人公之口非常直白地攻击启蒙话语，认为："热爱自由、追求真理等等行为应归于个人爱好，甚至隐私。如果有人在做这些工作，最好放在业余时间悄悄进行。如果能做到东躲西藏、偷偷摸摸以至神不知鬼不觉那就是最好。"石康以这样的话语方式明确地表达了对启蒙话语的调侃和戏谑。池莉的《冷也好热也好活着就好》同样讽喻了启蒙话语。汉口的小市民们有滋有味享受着夏夜的消闲生活,而身为作家的四却满怀启蒙的激情。不幸的是,他的启蒙冲动非但没有引起市民的回应,反倒在其乐融融的世俗生活的映衬下显现出一种类似疯癫的荒诞性。这正如一位学者所评论的:"四以'人'的名义对猫子的重新命名,有一种典型的知识分子幻想的意识形态色彩,他试图以'独立'的方式唤醒猫子,也就是试图以一种拯救的欲望重建叙事的激情,但他所提供的构思却使猫子睡去了,四的幻想并未得到回应……四有用自己的叙事感动人的宏愿,但这一宏愿最后却变成了一种阿Q式的自恋。"① 在此,启蒙话语遭到了无情的耻笑和拆解。此后对启蒙话语的嘲笑一直延续到朱文的《吃了一个苍蝇》。李自国是志得意满的社会精英,而作为他的同学的"我"却是一个劣迹累累的游民,没有正经职业,终日无所事事。李自国总爱用人生、理想这类大而无当的话题对"我"进行训导。"我"表面上领受他的教训,背地里却与他老婆偷情。作家用讽喻的方式说明启蒙话语面对启蒙对象已经失去了预期的效力,同时借用"我"的语气来嘲笑启蒙者的自以为是和高高在上的优越感,而"我"与李自国老婆的通奸这一情节的设计更是作家给启蒙者的一记响亮耳光。这些小说在贬损和嘲笑启蒙话语时依据的是市民大众的世俗生存逻辑。在小说中,市民大众按照自己的生存意愿在现实生活中活得轻松自在,已不必再满怀虔诚地聆听精英知识分子的训诫和教导,更不必向启蒙话语求证自我的价值。在大众轻松惬意的世俗生活面前,启蒙话语不仅显得愚妄和可笑,而且面临着存在合法性的危机。

以上小说对20世纪80年代启蒙话语的嘲讽,一方面,表达了市民阶层的文化要求和价值观念,具有同精英知识分子争夺话语权的意味,诚如王朔的形象表述:"头上始终压着一座知识分子的大山。他们那无孔不入的优越感,他们控制着全部社会价值系统,以他们的价值观念为标准,使我们这些粗人挣扎起来非常困难,只有给他们打掉了,才有我们的出头之日。"② 另一方面,这些小说确实指出了启蒙话语在新的社

---

① 张颐武:《"人民记忆"与文化的命运》,载于《钟山》1992年第1期,第165~172页。
② 王朔:《王朔自白》,载于《文艺争鸣》1993年第1期,第65~67页。

会文化语境中尴尬的失语处境,有助于启蒙话语的自我警醒和调整。但是,市民小说毕竟是以世俗价值话语作为标尺来审视和批判启蒙话语的,它潜在地认定世俗价值话语是唯一正确的尺度,这就注定了它的批判并非高屋建瓴,也难以做到真正的客观和公允。

二是肯定精英知识分子生存价值观的世俗化转变。20世纪90年代初期,市场经济浪潮将精英知识分子由中心推向边缘。精英知识分子们因一时无法接受骤然而至的价值失落而彷徨和焦灼。90年代中期以来,"由于市场经济不可阻遏的推进,与之相适应的价值观念和行为准则不管人们是否愿意接受,也同样以不可阻遏之势构造着新的价值体系。当这一新的价值体系成为不可回避的现实时,对它的接受与否便决定着人们的现实生存状况。"[①] 面对这一社会现实,一些精英知识分子意识到固守原来的价值立场只能更加远离社会,于是他们开始自觉或痛苦地告别原先的价值体系和精神操守,接受市民阶层的生存价值观念。何顿《告别自己》从现世生存的角度认可精英知识分子对自己价值准则的告别。在市场经济大潮席卷整个社会的商业化时代,雷铁的生活陷入了空前的危机,危机的根源就在于他恪守多年的理想化价值标准在这个时代已经无效。经过痛苦的挣扎,雷铁决定放弃原先的价值操守,去切实地改变自己的生存困境。王石《雁过无痕》中的三位历史研究专家都自觉地疏离传统的文化精英身份和精神价值追求,积极地参与到世俗生活中去。他们没有崇高的理想,不像传统文化精英那样把学术研究看作一项神圣的事业并为之献身,同时在现实生存态度上也抛弃了传统文化精英惯有的超越于世俗生存之上的清高。他们在对世俗生活的认同中找到了属于自己的生存方式:根据现实需要灵活地调整自己的研究方式,并把自身的学问作为谋取现实利益的一种手段。这种生存方式以及其中体现出来的观念意识完全是市民化的。何顿《荒原上的阳光》《生活无罪》以及沈嘉禄的《出挑》同样都表现了精英知识分子对于世俗生存价值观的认同和身体力行。对于精英知识分子生存价值观的调整和转变,这些小说都从商业社会的生活现实出发给予了足够的理解、宽容和支持。在实利主义成为社会价值体系核心的商业社会,当传统的精英知识分子价值体系已经部分失效,当精英知识分子再固守原先的价值操守

---

① 管宁:《灵魂的裂变:社会变迁中的人格姿态——新时期知识分子形象人性描写之流变》,载于《江汉论坛》2001年第11期,第78~83页。

只能意味着与世俗社会的隔膜时，精英知识分子生存价值观的转变就具有了必要性和合理性。这是上述小说认同精英知识分子转变生存观念的现实依据。在小说的叙述中，精英知识分子调整生存价值观念的目的，是为了把一贯高悬于世俗之上的生存姿态降落回世俗人间，是为了和市民大众一样过上丰裕的物质生活。这样，上述小说都从现实生存的角度为精英知识分子转变价值观念的合理性进行了辩护。池莉《小姐，你早》则从另一个层面肯定了精英知识分子价值立场的世俗化转变。小说中的主人公——高级女性知识分子戚润物，一直坚守精神化的价值立场，警惕地保持着与世俗的距离。但是，婚姻变故使她的价值准则和生活观念发生了巨大的转变。在与出身市民阶层的李开玲的接触中，她认识到了普通市民的生存智慧，主动接受李开玲的开导和指点，逐渐懂得享受生活和进行社会交际。最后，戚润物采取市民式的报复手段，联合李开玲和风尘女子艾月严惩了背叛自己的丈夫，维护了自己的利益。在小说中，在处理生活难题方面，普通市民显现出了精英知识分子所不及的智慧。池莉把精英知识分子对世俗生存观念的认同看作是他们走向成熟的表现。值得注意的是，小说还把精英启蒙话语中常见的精英知识分子和市民大众之间启蒙和被启蒙的关系模式进行了颠倒性的置换。何顿的《荒原上的阳光》《生活无罪》《告别自己》等小说同样暗含着市民大众对精英知识分子进行启蒙这样的潜在结构，在反启蒙的隐形结构中演绎市民话语对精英启蒙话语的训导，从而达到对世俗生存价值观的张扬。

　　通过以上分析，我们可以看到，在张扬凡人的生存品性和价值观念、建构凡人话语的过程中，20世纪末的市民小说对80年代的启蒙话语有所消解。不能否认，80年代的启蒙话语具有浓厚的理想化色彩，世俗经验因为缺乏神圣性而无法参与启蒙话语的建构，个性、自由、人性解放、精神至上等启蒙话语的主题词往往充满了理想色彩而没有明确的所指，其意义非常模糊。正是对鲜活的世俗生存经验的拒绝导致了启蒙话语某种程度上的虚妄性。在20世纪末，作家们通过提炼和升华市民生活中感性的世俗经验来弥补80年代启蒙话语的疏漏，从而重建了一种富有世俗生活气息的价值话语。

4.3 婚恋本质的世俗化还原

婚恋是一项重要的世俗生活内容。在 20 世纪 80 年代的精英知识分子启蒙叙事中，婚姻恋爱作为重要的叙事主题往往与个性解放、人道主义、理想主义密切联系在一起，具有深邃的思想深度。经典情爱小说《爱，是不能忘记的》回避了世俗的平庸，精心构筑了一个超凡脱俗的爱的神话。过于浓厚的理想化色彩注定了这种情爱不能在世俗世界中存活，而只能是一个虚幻的乌托邦。《北极光》《遥远的地平线》则是在女性解放的维度上呼求理想化的爱情。《三生石》让男女主人公在精神相吸、心灵相通中走上了爱的圣坛。这些小说都为婚恋敷上了神圣的光彩，其婚恋话语都停留于精神层面，是超世俗、反日常的。婚恋本身所包含的复杂的现实内涵被它们有意无意地遗忘了。

与 20 世纪 80 年代的精英知识分子启蒙叙事不同，20 世纪末的市民小说把婚恋置放在世俗性的日常生活形态中，从日常生存的角度揭示婚恋的日常性、世俗性，从而还原了婚恋的世俗本质。

首先，爱情本质的世俗化阐释。80 年代的精英知识分子启蒙叙事往往强调爱情的精神属性，认为爱情生发的基础是两性之间精神上的相互吸引和心灵上的息息相通。并且，在这种启蒙叙事中，爱情被填注进了道德理想、人格独立、个性解放等启蒙主义内涵。精英知识分子启蒙叙事对爱情内涵的形而上阐释，忽略了爱情本身所包含的世俗性内涵和本有的物质性特征。与 80 年代的精英知识分子启蒙叙事不同，20 世纪末的市民小说着重从世俗的角度来考察两性情爱，揭示爱情的现实基础，理智而深刻地指出现实生存基础是爱情的现实根底，阐明其在爱情中的重要性。

在 20 世纪末市民小说中，爱情作为世俗生活的一个组成部分，绝非单纯的两情相悦和精神契合，个人的情爱选择中不可避免地包含着种种现实考虑甚至世俗算计。池莉的《不谈爱情》是较早表达世俗爱情观的小说。它拆解了虚妄的爱情童话，从人的生存要求出发重新解释了爱情的实质。庄建非之所以选择吉玲，是看中了吉玲的乖顺和纯情，看中了她娇小丰满的身体，更是出于满足性欲的需要。而吉玲之所以选择庄建非,是看中了他的职业和家庭背景,想借助于婚姻改变自己卑下的家庭出身过上舒适优裕的生活。因此,两个人的爱情绝对不是建立在精神相契的基础之上的,而是各取所需的世俗选择的结果。池莉曾经宣称自己的写作"将以拆穿虚幻爱情为主题,"在其后的《绿水长流》中,她告诉人们,浪漫、诗意的爱情原本不过是一种话语虚构,在实际生活中,爱情总是渗透着种种现实的、功利的因素。池莉在这篇小说中所讲述的每一个爱情故事,都有力地解构了爱情的浪漫色彩。每一个看似浪漫的爱情故事中都包含着毫无浪漫可言的世俗性因素:所谓爱情,不是出于对性的好奇,就是渗透着其他种种功利性因素。进入90年代,池莉坚持了她一贯的世俗爱情观,在小说中一再剥离爱情的精神属性而强调其世俗性、物质性,强调"不谈爱情"。在《小姐你早》中,市场经济时代的物质新贵王自力"从来不谈家庭,不谈爱情,不谈孩子"。于他而言,两性关系更多地停留在世俗的性的层面。《你以为你是谁》中的丁曼,坚定地认为爱情是靠不住的,"是女人的终生之狱"。所以,她在两性关系中"不谈爱情",只讲现实利益。她认为爱情与物质基础密不可分:"穷人有什么爱情?贫贱夫妻百事哀,最好的结局不过是不吵不闹相依为命罢了。"宜欣之所以逃离陆武桥的爱情,是因为在她看来,终生厮守不过就是柴米油盐日子的重复,毫无浪漫可言。总之,在池莉的笔下,爱情从神圣的天国降落到了世俗生活的地面。姜丰在《情人假日酒店》中也揭示了所谓浪漫爱情的世俗面目。小说中那些优雅的白领男女在选择爱情对象时无不是从自己的利益出发,并充分考虑对方的经济条件。

鲁迅先生在《伤逝》中曾经清醒而沉痛地指出:"人必生活着,爱才有所附丽。"在现实生活中,生存是第一位的,爱情是附丽于人的生存的。一旦出现了生存危机,爱情就会荡然无存。张欣的《爱又如何》和《为爱结婚》深刻地揭示了经济基础在爱情生活中的重要性。《爱又如何》中,可馨和沈伟原本是一对感情和谐、生活幸福的恩爱夫妻。但是,当可馨被迫辞职之后,先是女儿生病住院,后来公婆相继病倒在床,他们陷入了捉襟见肘的生存困境。当他们为了筹钱而四处奔波时,各自为了发泄心中的郁闷而互相指责和伤害,原先举案齐眉的爱情成为昨日旧梦。所以,作家说:"爱情是什么,它在生活中仅仅是一种装饰,一旦生活蒙上一层阴影,它首先被牺牲掉"。《为爱结婚》中的陆弥和胡子冲这对年轻夫妻你恩我爱，有着深厚的感情基础，后来在贷款买房、家人患绝症急需巨额治疗费用等巨大经济压力的重压下，两人终日争吵，感情岌岌可危。这两篇小说都可以看作是对鲁迅思想的一种承继与发挥。

在经济理性制导的现代都市中，利益化的生存现实教会了世俗男女以经济基础作为衡量标尺来选择情爱对象，经济理性已经深深楔进现代市民特别是都市女性的情爱观，爱情不再纯洁、纯粹和纯真，而是深深打上了金钱、物质的烙印。陈丹燕《女友间》把"饮食"与"男女"联系在一起，表达了上海年轻女性的实利主义爱情观。两位女主人公都是从物质生活的实际利益角度来选择自己的情感归宿。护士安安为了寻求殷实可靠的婚姻，宁可违反校规，主动追求自己看护的病人——进出口公司经理小陈。安安的好友小敏为了钓得金龟婿，晚上去以富人为主顾的酒吧做兼职。张欣的《缠绵之旅》里，蓝朦放弃娇小可人的黎渺渺转而追求家产丰厚的洁熙，对于蓝朦的选择，作家不做指责和批判，而是给予了一定的理解：面包毕竟比爱情重要。唐颖《丽人公寓》表现了经济理性意识主导下现代都市白领女性爱情与婚姻分离的婚恋观念。主人公宝宝，是一个喜欢金钱、崇尚物质消费、向往优裕雅致生活的漂亮都市白领。在她看来，理想的人生要充满丰富的物质性。在情、钱难以两全的情况下，物质至上的价值观念使得她能把爱情和婚姻截然分开：爱情可以浪漫脱俗，所以她可以与"供不起别墅小车"的思川爱得惊天动地。但是，婚姻却要实惠安稳，所以她毫不犹豫地选择做海外富商的外室。小说在叙述宝宝与富商安迪的交往中时时突出金钱物质的作用，安迪奉上的美金、豪宅和华服，让宝宝狂喜且陶醉，凸显了消费文化对年轻一代市民婚恋观的塑造。刘阳春《商业原则》中的豆豆，美丽聪慧，拒绝做富人的包养，坚守人格的独立与做人的尊严。最后她与非明结合并不是因为与他在精神上如何心有灵犀，而是被对方建立在金钱之上的爱所打动。小说较为平实地写出了金钱对爱情的影响和在爱情中起的重要作用，清楚地揭示了金钱在人们情感生活中的分量，消解了爱情的精神性、纯粹性和神圣性。

这些小说都从现实生存的角度来观照爱情，把爱情与世俗生存紧密结合在一起，指出了爱情的世俗性基础。在小说中，婚姻对象的选择显然更多的是基于经济基础层面的考量，充分体现了经济理性对现代市民婚恋价值观的影响。作家对于爱情所包含的现实功利因素的揭示，并没有歪曲爱情的本质，反倒是矫正了长期以来文学作品对于爱情的理想化、精神化阐释，深化了人们对爱情及其现实基础的认识。毕竟，再诗意的爱情也要回落到衣食住行的世俗生活中来，再浪漫的男女也要考虑柴米油盐，"如果爱情没有最基本的物质生活条件和人身安全做保障，它只能是空洞、虚幻的存在。"[1] 但是，这些市民小说又有些矫枉过正，它在强调爱情的世俗本质的同时，又完全抹杀了爱情的精神属性。

其次，婚姻内涵的实用主义界定。婚姻作为社会认可的一种秩序化的两性情感形态，包容着较之爱情更为深广的生活内容。在20世纪末，不少市民小说同样从世俗生存的角度去理解婚姻，对婚姻的内涵做了朴素平实、具有实用色彩的界定。

婚姻包含着非常实在和广泛的生存内涵。从伦理角度讲，婚姻就是夫妻各尽其责，各司其职，互相扶持和体贴，相濡以沫地过日子。过日子是婚姻的现实形态。对婚姻的这种认识，池莉早在《烦恼人生》中就已经表达得非常透彻。刘震云的《一地鸡毛》同样以"不谈爱情"的方式强调了婚姻的伦理规则：婚姻是现实的，是融合了各种伦理关系和世俗利益的社会契约，单身男女走进婚姻就要担负起各自的责任和义务。所以，小林要安抚老婆的情绪，要协调小保姆和老婆的关系。陶少鸿《幸福一种》表现普通市民夫妻在艰难困窘中的忠诚与体贴，彼此之间相濡以沫的深情，与《烦恼人生》一样表达了对婚姻内涵的世俗化理解。

既然婚姻就是实实在在地过日子，那么柴米油盐、衣食住行、家庭关系等琐碎又切实的世俗生活细节就不可避免地渗透进婚姻中来。因此，可以说婚姻是世俗的、实际的，它要服从现实生活的生存法则而不是顺延爱情的逻辑。叶兆言的《艳歌》就阐明婚姻原本就是世俗生活的一部分，写出了实际的、偏重物质性的婚姻生活是如何把两人世界中的浪漫性、精神性因素消磨殆尽，以此证明婚姻生活的务实性质。

再次，对婚外情的否定。婚外恋是20世纪末市民小说的又一个重要叙事主题。平淡甚至刻板的婚姻生活很容易让人感到厌倦，从而激发人在婚姻之外重新寻觅理想的爱情。但是，婚外的恋情就是一个超越于

---

[1] 许志英、丁帆：《中国新时期小说主潮》，人民文学出版社2002年版，第911页。

世俗生活之上的玫瑰花园吗？就能带来预期的激情和诗意、将人从压抑的婚姻围城中拯救出来吗？绝大多数市民小说都不约而同地否定了婚外恋。在这些小说里，婚外恋并非超度苦海的诺亚方舟，其情感品质和婚姻并无本质的不同，因此婚外恋无法将人从无奈的婚姻中拯救出来。

20世纪末的市民小说都以一种现实主义的冷静揭示婚外恋的虚幻性，指出它并不能给人提供感性的身心愉悦，也难以满足人们对激情、浪漫的向往和对精神对话的渴求。苏童的《离婚指南》，主人公杨泊在日复一日、单调乏味的婚姻生活中感到无比的疲惫，更深深厌倦了俗气的、不能与他心心相印的老婆。他要逃离婚姻去寻找理想的爱情，于是，有了情人俞琼。但是，他跟俞琼照样无法沟通，难以相知相契。杨泊感到俞琼和他老婆一样令他恐惧，因此，痛悟他们的恋情在本质上就是一场误会。最终，杨泊又回归他原先所厌弃的婚姻。其余如《已婚男人杨泊》也都为人们在婚姻之外的理想爱情寻觅安排了同样的结局：主人公们在婚姻之外游走一圈之后又回到了原地。作家设置这样的结局意在说明：婚外恋都不过是一种一厢情愿的设想，一种臆造的美好幻影。婚外恋并不具备拯救个体精神困境的功能，它同平淡的婚姻一样带给人身心的疲倦，增加着生命的困扰与不安。相对于平庸的婚姻生活，婚外恋不过是另一种形式的精神深渊。

前面说过，婚姻中渗透着种种现实的、世俗的成分，那么婚外恋是否就是一种过滤掉了一切功利成分、超越了世间流俗的纯净神话呢？当然不是。婚外恋既然是人在世俗生活中的一种情感形态，自然难以免俗。不少市民小说不对婚外恋进行刻意的美化与提纯，而是在叙事中深入剖析了婚外恋中包藏着的世俗性、功利性因素，以此颠覆婚外恋情感的纯粹性，同时指出了婚外恋幻灭的根本原因。在一些小说里，婚外恋的起因不是为了寻求精神抚慰和心灵沟通，而是原本就出于当事人的某种世俗欲望或功利考虑，在恋情展开的过程中也始终伴随着种种世俗欲求和利益考虑。在陈惠照的《花开不知花落时》里，方芝芬之所以敢于以未婚身份与有妇之夫厉为国同居，是看中了他悦人的前途。在殷慧芬的《纪念》中，国有大企业的总经理狄仁对于女记者纪念没有一点真情，他与纪念保持婚外的情感关系，一方面是为了猎艳，在婚姻之外满足个人的生理欲求，另一方面是要利用纪念为他的职务晋升做舆论宣传。张欣《仅有情爱是不能结婚的》在讲述婚外恋故事时突出了其中渗透的金钱、地位、现实利益等世俗因素，并深入地剖析了这些因素是如何影响了婚外恋的进程、并最终导致恋情破灭的。售楼小姐商晓燕与已婚男士柯智雄发展恋情，看中的是柯智雄的社会身份和地位，当然也是为了抚慰失恋后的伤痛。柯智雄不满平淡的婚姻生活，又对妻子当年喜欢自己哥哥的旧事不能释怀，所以出轨。当柯智雄被调离了重要工作岗位、原先抛弃商晓燕的老板又想和她重归于好时，考虑到自己的现实利益，商晓燕义无反顾地舍弃了柯智雄。一段婚外恋就此收场。这些小说都深刻地揭示出了婚外恋发生的功利性原因和其中渗透的利益成分，把婚外恋还原为一种毫无浪漫气息的世俗性情感，彻底扫荡了婚外恋表面的光鲜和华美。在 20 世纪末的市民小说中，即便是那些看起来极尽浪漫的婚外恋也仍然不脱世俗的底子，并因为它的过分浪漫背离了世俗生活的规则而彻底终结。池莉的《来来往往》就是这样一篇渲染浪漫却拆穿浪漫的小说。成功人士康伟业和白领丽人林珠的一段婚外恋，在表面上看来是一个如梦似幻的浪漫爱情故事，但这个浪漫故事中却又处处渗透着毫不浪漫的物质因素。康伟业拿着林珠送他的玉佩去估算其价值，以检验林珠爱他的程度，在康伟业看来，"情意的深浅不在乎钱多钱少，可钱的多少却可以衡量情意的深浅。"在决定与林珠结婚后，康伟业向林珠奉送上价值 50 万元的豪宅以示结婚的诚意。当二人分手后，林珠卖掉豪宅携巨款不辞而别，康伟业深感寒心。在这个故事中，无处不在的金钱因素将附着在这场风花雪月上的浪漫光晕一扫而光。这个浪漫爱情童话破灭的根本原因在于，它那近乎不食人间烟火的浪漫不符合现实生活的法则。康、林的爱情是飞机往来、电话传情、饭店相聚、"上不着天，下不沾地"的爱情，而婚姻是务实的，是两个人过柴米油盐的平凡日子。林珠连和康伟业在家吃顿家常便饭都做不到，又怎么可能步入包含着庞杂世俗生活内容的婚姻呢？此外，在实际的生活法则面前，两人在年龄、生活阅历和思想观念方面的差异也注定了他们的爱情只能是一个空中楼阁。在这里，池莉制造浪漫是为了证明浪漫的虚幻，她通过这个浪漫的婚外恋童话的幻灭再次申明了她一贯坚持的实用理性婚恋观。

总之，20 世纪末的市民小说把婚恋完全放置在世俗化的日常生活中进行考察和审视，全面揭示了其与个人的现世生存之间的密切关联，从而还原了其世俗本质：婚恋本身是一种世俗性存在，两性之间的爱情选择是建立在物质性基础和现实利益权衡之上的理性选择，而婚姻则是男女两性互相扶助、共同过日子的社会性契约。

4.4 物质诉求的多元化书写

物质是人类存在和发展的坚实基础。人的现世生存从本质上说首先是一种物质性生存，因此，对于物质欲望（金钱作为物质交换的媒介，可以看作是物质的变体）的追求和满足就理所当然地成了个人在现实生活中的基本生存诉求。"不管哪个国家、民族、社会、宗教，人们都希望乘坐飞机、汽车来替代古老的交通工具，都希望冷天有暖气，夏天有空调，都希望能通过电视、电影看到听到世界上更多的东西，都希望能吃得好一点，居住得宽敞一点……人毕竟不是神，他（她）是感性物质的现实存在物。他（她）要生活着，就必然有上述欲求和意向。因此就仍然有一种普遍必然性的客观历史标准，而不能是绝对的文化相对主义。"[1] 李泽厚这段话即可以看作是物质追求合理化的理论依据。

在计划经济时期，由于社会生产力和历史文化语境的制约，个人的物质欲求没有上升为主导性的价值趋向。在彼时的文学话语中，个人的物质欲望要么处于被忽略的状态，要么因为归属于私有制的范畴而无法获得认可。例如，在《千万不能忘记》中，我们可以清楚地看到作家对于个人的物质追求的严肃批判。20世纪80年代，精英知识分子启蒙叙事对于个人的物质欲望基本上采取忽略和遗忘的态度。到了90年代，市场经济语推动了持续的世俗化进程，"世俗化不仅刺激起物质欲望，而且以幸福的名义为人的物质欲望提供了合法性依据，这对于物质长期匮乏的中国既是一种文化的疗效，又是一种现实的促进经济增长的文化动力。"[2] 个人的物质欲望由此获得了被言说的合法性，并在市民小说中得到了认可和张扬。

众多市民小说不仅把物质追求作为人生在世的基本生存要求来进行肯定，而且把它作为人生幸福的核心内容、将之提升到了生存幸福观的

---

[1] 李泽厚：《中国现代思想史》，安徽文艺出版社1994年版，第340页。
[2] 向荣：《转型与变化：90年代文化语境中的中国小说》，载于《西南民族学院学报（哲学社会科学版）》2002年第3期，第46~57页。

高度来加以阐释，从而构筑了一种物质性的幸福话语。

幸福，是人类生活的基本目标。20世纪80年代的启蒙话语"总是把超越性的生存目的和某种理想观念内化为幸福本身，内化为'幸福地享受生活'的价值内容"，这样，在启蒙话语中，"幸福是一种理性要求并由理性的完满性所决定。"①

对物质利益的追求是市民大众最基本的人生追求，丰裕的物质生活是他们的生活理想。这种理想和追求不管当前文化是否认可，都有着极强的稳定性和普遍性。20世纪90年代，市场化进程为市民的生活理想提供了合法依据，在市场经济背景上迅速崛起的市民社会在自己的日常生活实践中产生了自己的物质诉求，并进一步形成了自己的幸福观。人们不再从某种超越性的观念出发来理解幸福，而是从世俗生存的实际要求出发来建立和表达自己的幸福观。在市民社会，幸福的含义变得非常实际和通俗，那就是个人经济地位的上升、物质欲望的直接满足和在此基础上的感性的生活享受。在这里，"幸福"作为一种世俗性的价值追求，体现了日常生活的基本法则。

在20世纪末的一些市民小说中，个人的物质欲望和对金钱的追求，都被作为文化符号纳入了世俗幸福的直观形象，成为世俗性幸福话语的基本内涵和价值支撑。最早肯定个人的物质追求、表达世俗性生存幸福观的当数王朔。他在《顽主》《橡皮人》等小说里初步提出了基于物质利益追求之上的世俗幸福要求。在20世纪90年代的市民小说中，世俗性幸福话语得到了更为完整和生动的诠释。何顿《弟弟你好》通过"金钱远比知识有力量"的文本叙述，嘲笑了理想主义的幸福观念，并为幸福注入了非常实际的生活内涵。邓和平不安于清贫的教师工作，依靠自己的能力去寻找物质财富。他在商海中几经拼搏和奋斗，终于发财致富，成为一个市场经济时代的物质新贵。摆脱了贫穷的邓和平，拥有了一种穷人翻身得解放的自豪感，陶醉在金钱所带来的价值自得与自负之中。《我们像葵花》同样表达了这样一种以金钱占有量为基础的世俗生存幸福观。冯建军、李跃进这些底层市民在市场经济来临之后，首要的生存目标就是竭尽全力改善自己的生活境遇，改变自己的贫民身份，重新确立自我的生存地位。在他们来说，生活的全部目标和意义就在于

---

① 王德胜：《文化的嬉戏与承诺》，河南人民出版社1998年版，第40页。

对物质、金钱的疯狂追求和享受。在一次次成功的冒险后，他们拥有的金钱迅速提升了他们的生存地位，满足了他们的种种生活享受。在冯建军们的认知中，这是一种真实可感的幸福。在这里，幸福不再是一个形而上的空洞概念，它与对物质和金钱的占有以及感性的生活享受紧密联系在一起。在何顿小说中，这些个体户声色犬马、纵欲狂欢的生活方式本身，就是对一些市民的物质性幸福观的生动注解。张梅《孀居的喜宝》通过主人公对幸福的体认过程来界定幸福的内涵。喜宝丧夫之后，先是追求美满的爱情，把完满的爱情作为幸福的归宿和人生的依靠。但是，她很快就发现，在世俗利益主宰一切的时代，她所追求的这种情感幸福是非常不可靠的，靠得住的是通过自己的努力换来的富足的物质生活，个人的真正幸福是建立在对物质和金钱的拥有之上的。在这些小说中，"幸福的价值不再由理性话语规定，相反，它服从并体现着经济学的原则。"[1] 相对于以往的幸福话语，这是一种感性的、更加符合人性要求因而也更富有世俗气息的幸福话语。

事实上，建立于丰裕物质生活之上的世俗性幸福追求已经成为20世纪末市民小说一个重要的主题话语，对它的阐释和表达已经成为大批市民小说不约而同的选择。在张欣、池莉、潘向黎、张梅等人的小说中被精细描绘的中国式的中产阶层生活方式，是20世纪末市民小说为市民大众所提供的又一种幸福乌托邦。这种幸福乌托邦建立在丰厚的物质基础上，并且在我们的现实生活中已经有了具体的示范样本。这种幸福话语是对世俗性幸福的又一种感性直观的图解。显然，与何顿小说中那种粗鄙化的幸福话语相比，这种幸福话语具有优雅的风范和文明的气度。

在20世纪末，市民小说对物质性幸福话语持续不断的讲述和完善，与特定的历史文化语境有关。在市场经济体制下，个人的物质利益追求获得了合理性与合法性。国家话语描绘的社会发展蓝图充分体现了对民众物质利益和世俗生存需要的尊重，符合民众的世俗性幸福要求。这种新的幸福承诺经过大众传媒的传播在20世纪90年代已经成为"整个中国日常生活想象的中心"[2]。同时，不断解放和发展的生产力，为满足

---

[1] 王德胜：《文化的嬉戏与承诺》，河南人民出版社1998年版，第60页。
[2] 石现超：《新意识形态与中国想象的转型——论"中产阶级写作"的文化品格》，载于《理论与创作》2004年第4期，第44~47页。

民众的物质诉求提供了有力保障,让民众的物质性幸福生活具备了实现可能。

从20世纪末市民小说对物质性幸福话语源源不断的书写和诠释中,我们已经比较清楚地看到了其在整体上流露出的对于个人的物质诉求的认同态度。但是,如果认真审视和辨析,我们就会发现,作家们的认同姿态存在着或明显或微妙的差异,呈现出多元化的倾向。

早期的王朔和后来的朱文、卫慧等新一代作家都旗帜鲜明地褒扬市民阶层对于物质和金钱的勃勃进取精神,宣扬一种建立于优裕物质条件之上的世俗生存幸福观。其小说对于物质欲望的张扬、对于世俗生存幸福观的大力鼓吹与他们本身的价值观念、生活经历以及所处的社会文化语境密切相关。20世纪80年代末,市场经济处于萌芽阶段,市民阶层开始从传统的社会结构中独立出来。王朔作为市民阶层的代言人,自觉地为市民阶层朦胧的文化要求和价值观念摇旗呐喊。王朔的体制外作家身份,以及他对于精英话语强烈的反感和对抗情绪,都促使世俗性市民价值话语成为他小说唯一的价值认同对象。同时,他的经商经历和生活遭际,也使他对市民阶层那种自发的物质诉求有着无比深刻的体认。所以,他在小说中既大张旗鼓地张扬市民的物质欲求,也毫不掩饰对金钱欲望的肯定。世俗生存幸福观早在王朔的《橡皮人》中就获得了较为明确的表达。张明等无业游民通过倒买倒卖等非正当手段获取金钱,谋求个人生存的物质利益。王朔拒绝用挑剔的道德眼光去评判这种当时看起来颇具离经叛道意味的价值追求。此后,王朔的一系列小说都反复申明对以金钱为基础的、体面的中产阶级幸福生活的向往,而这也是王朔所钟爱的小说人物所孜孜以求的生活目标。到了朱文和卫慧的年代,市场经济已经成为社会的主导经济形态,市民社会初步形成并日渐壮大,世俗价值话语在社会价值体系中已经占据了主导地位。对富裕的物质生活和物质利益的正当追求已经获得了官方话语的认可、支持和鼓励。并且,朱文和卫慧等人都是自由撰稿人,写作之于他们是一种谋生的职业而非启蒙的工具。他们自己就是通过写作来求取个人的物质生活保障的。这种世俗化的生存方式使得他们与市民的价值观念血脉相通。就成长经历来说,他们没有经历过激进乌托邦理想的洗礼,又生活在现代商业社会,对于物质和金钱有着骨子里的亲和与认同。物质追求和现世享乐在他们来说是一种生活的常态。因此,他们毫不犹豫地站在享乐主义的立场上鼓吹以物质和金钱的追求和享受为标准的幸福观。朱文在他那篇颇为轰动的小说《我爱美元》中赤裸裸地表达了对于金钱的迫切渴望："血管里都是金币滚动的声音"。同时，在字里行间反复论证金钱之于人的现世生存的重要性，认为："与金钱的腐蚀相比，贫穷是更为可怕的。"卫慧在她的一篇作品中曾经宣告自己"崇尚简简单单的物质消费"。事实果真如此吗？透过其小说的叙事表象，我们可以看到卫慧一再地宣扬一种享乐主义生活观，而物质的消费和享受是其中的重要构成部分。从《上海宝贝》到《愈夜愈美丽》，她一直以炫耀的口吻和精细的笔致描述和铺陈日常生活中种种奢靡的物质细节，这种叙事方式背后所隐含着的正是对于物质享乐情不自禁的认同和拥抱。

但是，在20世纪90年代，大多数作家对于个人的物质诉求的认同，都没有上述作家那样立场坚定、旗帜鲜明。一些作家的认同态度是非常含蓄的。张欣、潘向黎等长于描写白领生活的作家经常在推崇"优雅品位"的名义下来肯定个人的物质诉求。他们极力赞赏和推崇的优雅品位，在小说中经常是和白领阶层的物质消费联系在一起、并通过物质消费体现出来的。张欣在《首席》中一再称道欧阳飘雪和吴梦烟两位白领丽人不同流俗的着装品位，而她们所选择的都是国际知名服装品牌。高水准的物质消费正是优雅品位的注解。在潘向黎《寂寞如彩虹》中，职业白领的优雅同样建立在咖啡馆的浪漫约会、价格不菲的服饰之上。他们在小说中倾情描摹的中产阶层生活方式，更是建立在雄厚的经济实力基础上的神话。由此，我们不难看出，这些作家对于优雅品位的推崇、对于优裕物质生活的津津乐道，恰恰表露了她们对于体面的物质生活的欣赏和认同态度，只不过，他们的价值倾向隐藏得较深，表达得十分含蓄，不像王朔、卫慧等人那样直白。从这种价值立场出发，个人的物质诉求得到了这些作家的认同。个人为了追求丰裕的物质生活而做出的哪怕不甚光彩的行为选择，也得到了他们的理解和宽容。例如，唐颖在《丽人公寓》中对于主人公为了物质生活甘做富商情妇的生活选择就放弃了尖锐的道德批判，转而给予一种深切的包容和理解。

对于个人的物质欲望，更多的作家表现出了一种矛盾性态度。他们往往一方面从现实生存的角度肯定个人对于物质的欲望和追求，一方面又看到了这种人生追求内在的精神缺失，从而难以从内心深处毫无保留地认同那种以物质和金钱的追求、占有为全部生活目的的生存幸福观。

于是，这就导致了叙事过程中他们价值判断的矛盾性：他们一面以全部的故事所指去论证物质追求的合理性，一面又在一些故事细节上流露出对这一追求的怀疑和反思。不过，其主导性的价值判断仍是认同。他们把对世俗生存幸福观的质疑和反思作为一种隐含的价值判断，因而形成了一种对于物质追求欲拒还迎的暧昧态度。

他们的小说往往以一种极其平民化的叙事策略为个人的物质追求寻求合理化的现实依据。何顿《我们像葵花》将叙事彻底投放在商业化社会语境中，把个人的物质追求放在现实生存的逻辑上加以凸显和肯定。冯建军、李跃进和刘建国这些在社会底层挣扎多年的市井平民，为了切实地改变自己的物质生存困境，纷纷下海做起了个体户，通过各种非法行为聚敛钱财。"个体户"作为市场经济的产物，本身就意味着在摆脱体制约束、精神幻想和道德规范之后谋求个人物质利益的途径。他们的物质追求因为是出于改变生存境遇的现实需要而为作家认可。物质的占有也确实使这些底层平民的社会地位发生了改变，以致让那个大学毕业的何斌觉得自己"和冯建军当时相当于站在两个不同的阶梯上。在知识这个阶梯上，我站在上面，要比他高出足足一个脑壳。在拥有物质和金钱方面，他站在我的上面，足足要比我高出一个人。"这高出"一个脑壳"和高出"一个人"的鲜明对比非常明确地显示了金钱改变个人社会地位的魔力。同时，这一细节也暗示了作家对于以物质占有量为标尺的世俗生存幸福观的确认。何顿的《生活无罪》和邱华栋的《生活之恶》，单从题目上就可以看出是在为物质追求进行辩护。在《生活无罪》中，何夫作为中学教师，在知识话语体系中无疑是一个启蒙者，一个布道者。多年来他也一直安贫乐道。与同学曲刚的偶然相遇，使他吃惊地发现昔日在文化层面居于劣势的同学如今已经摇身变为物质新贵。对比自己捉襟见肘的物质困境，何夫开始怀疑自己的价值信仰。后来在曲刚和妻子的诱导下，在改变困窘生存处境动机的驱使下，何夫逐渐抛弃了原先信守的价值观念，义无反顾地投身商海，并获得了物质意义上的巨大成功。对于何夫的价值立场转变和物质追逐，小说没有依据启蒙话语的价值尺度进行批判，而是将其解释为生活困境的逼迫，为其进行辩护。执着的物质追求因为符合"穷则思变"的现实生活逻辑而获得了无可置疑的合理性。《生活之恶》同样是以生活的名义为个人的物欲追逐进行辩解。大学毕业不久的眉宁要与心爱的男友结婚，但在偌大的北京城却没有一套可以栖身的房子以建立一个温馨的家庭。百般无奈之下，眉宁以自己的初夜为代价换来一套宽敞的住房。在小说的叙事逻辑上，眉宁的行为是出于现实生存的需要，是生活迫使下的无奈选择。因此，对于眉宁为了满足物质需求而作出的行为选择，小说同样搁置了尖锐的道德批判。它把个人在物质追求中的堕落归结为"生活之恶"，它提供的辩护理由恰恰证明了作家对世俗生存幸福观的认同。李肇正的《城市生活》花费了不少篇幅来描述杜玉兰、宋立诚这对教师夫妻日常生活的贫寒和居住条件的简陋，从而使得他们业余从事家教挣钱买房的行为合情合理。总之，这几篇市民小说伸张个人物质追求和世俗幸福生存观的一个基本的叙事策略，就是一方面突出甚至放大物质化生存现实这一外在环境的强大力量，同时又极力渲染主人公窘迫的物质处境。此外，张欣《你没有理由不疯》、缪永的《驶出欲望街》、姜丰的《从相爱到分手》都采用了类似的叙事策略来肯定商业化语境之中个人的物质追求。

　　物质欲求生发于个人的现实生存需要，在肯定私人利益的市场经济语境中固然有它的现实合理性，但是，当这一追求无限膨胀和扩张，并成为个人唯一的生存目标时，也就意味着对一切精神性价值的彻底消解。在张扬个人的物质诉求时，多数作家也朦胧地意识到了这种世俗价值观的内在缺陷。这又让他们在认同世俗生存幸福观的同时，又对这种价值观在潜意识中抱有怀疑。如前所述，这种怀疑作为一种隐含的价值判断深藏在小说的叙事背后。比如，何顿总是让他笔下那些拼命敛财的个体户人物在获得了物质意义上的成功之后或者走向死亡或者叮当入狱。《我们像葵花》中，冯建军因为非法生意几经入狱，李跃进因偷情而丧命；《生活无罪》中的狗子也在一次斗殴中死于非命；《就这么回事》中的李斌被前妻无意之中切断了动脉而流血致死。即使是《生活无罪》中的何斌，几番拼搏成为物质新贵之后，面对仍然执着于艺术追求的昔日同学的询问，蓦然感到："我为之兴奋得连续好几个月不能正常入眠的那些在此之前称得上是一幅美好蓝图的东西，忽然在心里变成了零零碎碎的瓦片。"这种体验显然带有精神追问的意味。李肇正让生性淡泊的杜立诚与沉迷于赚大钱买高档房的杜玉兰离婚，并在结尾暗示杜玉兰可能患了绝症。透过这些叙事表象，不难发现，作家们显然在内心深处难以绝对认同世俗生存幸福观，其对于物质追求的认同是有限度的。对于个人无限膨胀的物质欲望，他们普遍表现出了一定的质疑。

尽管如此，作家们对于世俗生存幸福观的怀疑并未上升为清晰的价值判断和明确的理性批判，仅仅是作为一种隐蔽的潜意识，潜伏在小说叙事的深层。他们的价值天平在整体上仍然向着世俗价值话语倾斜。在许多作品中，我们看不到对物质和金钱欲望过度膨胀的反思和批判，相反，在那些物质化场景的描述中，在讲述发财故事的字里行间，却充满了暗示、鼓励和诱惑。

总之，20世纪末市民小说对普通人的物质诉求的肯定，符合市场经济时代的生存逻辑，也为人们告别传统的人生理想提供了道德上的宽慰和价值观上的支持；其对于幸福话语的世俗化诠释，赋予了"幸福"切实的生活内涵，使之更符合普通人的现实生活要求。

但是，这种价值取向显然具有媚俗的倾向。它迎合了市民大众在市场时代渴望发财致富的世俗心理，并且作为一种话语实践参与到世俗价值体系的构造之中。在张扬个人的物质欲求的同时，它取消了必要的精神寄寓和价值追问，拒绝了深度思考和人文关怀，尤其是对于过度膨胀的物欲缺乏辩证的认识和足够的质疑。物质欲望是人的一种自发的本能的欲望，如果缺乏理性的引导和道德的约束，一旦跃升为整个社会的追求目标，那么它对于人类赖以延续和发展的道德伦理和社会规范的瓦解将是毁灭性的。在20世纪末，有些市民小说回避了对物质和金钱欲望的道德追问，并将之上升为一种终极性的生活目标加以陈述。"这使得世俗的力量在无警戒和无审度中膨胀为人的私欲，在本质上向那些物质增殖者提供了文化策略和理想形态上的助阵"[1]。这是值得作家们警惕的。

---

[1] 洪治纲：《世俗欲望的挣扎与迷失——再读何顿》，载于《当代作家评论》1996年第6期，第110~115页。

第5章 市民形象谱系：凡人面貌的真实书写

20世纪末，随着市场经济的发展，原先计划经济体制下具有相同生存面貌和统一生存格调的市民阶层迅速瓦解、分化为不同的群体。同时，随着城市化进程的推进，新的市民群体不断涌现，市民的层次不断分化、扩展、增生，不同市民阶层之间的社会和经济地位、生活方式、文化趣味以及价值认同的差异日渐明晰。这一时期的市民小说及时地刻画出了中国城市社会各市民阶层的面目，其所塑造的市民形象具有广泛的社会覆盖面，市场化进程中各市民阶层的身影几乎都在市民小说中得到了清晰的凸显。这样，以往市民小说中市民形象的单一性被打破，一个前所未有的、无比丰富的、带有鲜明时代特征的市民形象谱系在20世纪末市民小说中蔚然形成。

20世纪90年代，中国现代化建设取得的伟大成就不仅表现在经济社会的快速发展，而且表现在现代价值理念的形成，以人为本是其中至为重要的理念。以人为本的现代理念体现在市民小说中，首先就是作家们把市民作为鲜活的生命个体放置在世俗性的日常生活中进行观照和书写，刻画市民的本真面貌，凸显现代城市生活赋予他们的世俗性品格、自然真实的精神理想和饱满丰盈的人性血肉。作家们大多以平视的视角描写市民们的人生经历、生活理想、生命欲望以及各种琐屑细微的生存体验。在20世纪末的市民小说中，市民形象不再与崇高理想相关，也不再是某种文化意识的载体，他们就是一个个感性的、真实的、在世俗生活中起起落落、生生不息、与我们具有某种生命同构性的人。其次，作家们忠实于对市场经济时代市民形象的如实构建，在赋予笔下市民形象浓郁生活气息与鲜活复杂人性的同时，发掘出了他们身上所蕴含的时代精神，并给予真实的呈现。这些在城市化和市场化进程中载浮载沉的当代市民形象，都打着深刻的时代印记，无可置疑地映射、传达着时代的精神，阐释着时代的价值观念。

根据社会身份、生存形态和观念意识的不同，20世纪末小说中的市民形象主要可以划分为四种类型：普通市民、职业白领、都市另类和新式移民。① 每类人物形象都具有其最为突出的特征，这些特征从不同的维度上映射出了不同市民阶层的价值观。

5.1 彰显务实禀性的普通市民

在20世纪末，随着市场经济的启动和发展，中国社会开始了持续的世俗化进程。"世俗化首先是一种对偏激的乌托邦式的理想主义的反叛，对'克雷奇马'的迷狂的反思，它以一种更加实际和现实的观念来看待社会生活。"② 在这样的时代语境中，关注现世、讲求实惠的实用主义逐渐占据了日常生活领域，并日渐成为人们最基本的生存法则。20世纪末市民小说中的普通市民形象普遍表现出来的务实禀性正是20世纪末实用主义精神的折射。小说中的这些普通市民完全是埋头于自己的日常生计的芸芸众生，他们的一切行为基本上都围绕着日常生活展开，都是为了当下的日常生存，其人生观念和行为模式也都在日常生活中形成、并受到日常生活的制约。执着于当下的日常生存是他们最基本的行为逻辑和最根本的生存特征。在这样的生存状态中，他们普遍表现出了一种立足当下、注重实际的实用主义理性。本来，中国就"是一个最讲实际，最从世俗考虑问题的民族，他们不大进行抽象的思辨，也不想费力去解决那些和现实生活好像没有什么明显的直接关系的终极问题"③。更何况对于普通市民来说，城市生活的物质特性，日常面对的各种具体、现实的生存问题，以及市民社会长久积累、传习的生活经验，更容易促成这种立足当下、关注现实生存、讲求实际的实用主义思维的形成。普通市民的实用主义理性表现在性格方面就是务实。

---

① 这四种类型不是完全按照社会学标准进行划分的，并且各类型的划分都是相对的，其边缘都是模糊的，彼此之间甚至存在一定程度的交叉。
② 周宪：《中国当代审美文化研究》，北京大学出版社1997年版，第301页。
③ 朱光潜：《悲剧心理学》，人民文学出版社1983年版，第215页。

普通市民的务实性格首先表现在他们脚踏实地的生存姿态上。他们基本上没有超越出寻常日用之外的精神追求和人生幻想，只专注于个人当下的日常生活。《烦恼人生》中的印家厚就是一个典型的踏踏实实过日子的普通市民。他的生活和工作充满了无边的人生烦恼。对此他不仅坦然承受，而且遵循日常生活的现实逻辑去一一化解，实实在在地将这份生活过下去。池莉曾经说："印家厚代表了整个凡人的整体，而不是一个凡人。"刘恒《贫嘴张大民的幸福生活》中的张大民这一形象更为充分地体现了普通市民那种勤勉踏实的生存态度。"人为什么活着"这类抽象的命题永远不在张大民的思考范畴之内，他所考虑的是如何解决当下生活中的各种难题：如何搭建一间栖身的房子、如何给老婆催奶、下岗之后如何谋生；并以一种从小处做起的务实态度应对一切日常烦恼苦难。这就是他生活的全部内容和意义所在。王安忆《富萍》中那些以各种方式在繁华大上海谋生的底层市民，也是兢兢业业、踏实勤勉地经营着日常的柴米生计，并将平淡的日常生活过得有声有色、有滋有味。即便在动荡年代，普通市民依然遵循生存的惯性把日子有条不紊地过下去。比如宁波太太，尽管身处飘摇乱世，且是孤儿寡母，仍然坚定而执着地生活着，精打细算，量入为出，井井有条地安排着一家的日常生活。还有《长恨歌》里的那些城市平民百姓，在"文革"中出于对自身利益的考虑以及对政治素来的淡漠，主动游离于运动旋涡之外，全神贯注于眼前的日常生活，并努力将它经营得富于世俗的审美情调。主人公王琦瑶是上海普通市民的代表，她的做人风范是经典的上海弄堂里的做人风范，"上海弄堂里的做人，是悉心悉意，全神贯注地做人，眼睛只盯着自己，没有旁骛的。不想创造历史，只想创造自己的，没有大志气，却用尽了实力的那种。"她是务实的，"没有颠覆的野心，是以生计为重"，"将人生当作一件实事"来经营，所以，她始终生活在日常生活的芯子里，"每一日都是柴米油盐，勤勤恳恳地过着，没有一点非分之想"①，即使外面的世界翻天覆地，她也依然有滋有味地经营着自我的生活小天地，面是一碗一碗地下出来的，胡萝卜是细细地切成丝，上面再撒一层椒盐。这种踏实勤勉的务实品质造就了上海的一段传奇，"因为传奇中人度的也是平常日月，还须格外地将这日月夯得结实，

---

① 王安忆：《寻找苏青》，载于《上海文学》1995年第9期，第32~36页。

才可有心力体力演绎变故。"① 普通市民这种务实的生存姿态固然与市民文化传统的浸淫有关，但也与他们对自我平民身份的确认分不开。他们清楚自己不过是平民百姓，在日常生活中没有建功立业的可能，更谈不上去主宰历史潮流。对于他们来说，个人所能拥有和把握的只是当下的日常生活，如何在力所能及的范围内让日子过得好一点才是他们的生活目标。

　　普通市民的务实性格体现在行动上就是他们在日常生活中普遍具有很强的行动能力。普通市民的目光始终聚拢于当下的日常生活，并以切实的行动来解决各种生活难题。他们根据生活经验知道任何不切实际的幻想和冥思都是无济于事的。比如，面对捉襟见肘的生活处境和接踵而至的生活烦恼苦难，卞容大和张大民都知道自己不可能主宰生活中的一切，但仍然竭尽全力去做，让生活在切切实实的行动中一点一点地得到改善。《你以为你是谁》里的陆武桥踏实能干，总是顽强地担当起生活的重负。作为一大家人的主心骨，他要为全家人排忧解难：尽力挽救姐姐濒临解体的婚姻，费心教训不务正业的弟弟，赡养和安慰年老的父母，还要为了饭店的正常运转应付方方面面的关系。他从不怨天尤人，而是以切实的行动逐步改善现状。《富萍》中的富萍也具有这种以实际行动来改变生存处境的能力。她以乡下孤儿的身份去上海投亲，在那里看到了外来移民靠诚实的劳动来吃饭的生活，决定留在上海并拒绝别人安排的生活道路。于是，她主动去寻找和投靠舅舅，并按照自己的意愿找到了自己的人生归宿。富萍的行动能力体现出了改变自己命运的决心以及把握自己命运的自信。总的来说，普通市民的这种行动能力，完全出于一种生存的自觉或者说生活的本能。因此，可以说普通市民的生存方式是一种实践性很强的方式。

　　普通市民的务实性格还体现在讲究和追求实惠，注重实利，从个人的切身利益出发对生活中的一切进行取舍。这种实用理性思维使普通市民们显现出了性格中精明的一面。王安忆《长恨歌》的主人公王琦瑶对情感归宿的选择就典型地体现了普通市民注重实惠的世俗心理。小家碧玉王琦瑶当选上海小姐之后，在普通职员程先生和政界要人李主任之间毫不犹豫地选择了李主任，尽管她自己清楚地知道：程先生是真心实

---

① 王安忆：《寻找苏青》，载于《上海文学》1995 年第 9 期，第 32~36 页。

意爱她的，而李主任只不过把她当作宦海生涯中一种温柔的慰藉、繁忙政务之余的一种放松方式，且不能给她正常的婚姻和家庭生活。她之所以这样选择是因为，李主任可以给予她富足的物质生活，李主任的权势和地位能够给她一种生存的安全感，而这一切是职员出身的程先生所不能给予的。在上海弄堂中成长起来的王琦瑶洞悉殷实可靠的物质生活远比婚姻的外壳重要。她追求的是物质生活意义上的实惠，并以此作为人生选择的标准。无独有偶，池莉《不谈爱情》中出身于小市民家庭的吉玲，在选择人生伴侣时，注重的也不是精神相契，而是对方的职业和家庭出身。这种择偶标准体现出来的也是一种讲求实惠的市民心理和精明的市民眼光。

  在实实在在的日常生计中，在追求实际利益的过程中，普通市民的务实和精明渐渐发展成了一种世俗性的生存智慧，一种以维护个人利益为目的的处世艺术。这种处世艺术或者说生存哲学是城市平民百姓在日复一日的日常生活中累积起来的生存经验，充满了实用主义精神。"它不追求完整，只是些零碎的日用之道"，却直接关系到个人的生存大计，"它或许远不及体系化的哲学思想彻底"，① 但在日常生活实践中却远比纯粹的书本知识来得有效。《长恨歌》中，王琦瑶精明务实，时时处处都能够恰到好处地把握为人处世的分寸。少女时代的王琦瑶应导演之邀去吃饭，席间不动声色地揣测对方的心理，言语答对成熟老练，举手投足之间显现出精通人情世故的城府。后来竞选上海小姐，她刻意表现出一副漠不关心的低调姿态，为的是给自己留有退守的余地。而王琦瑶在平安里的生活更是体现出她高明、圆熟的处世艺术：心思缜密，善解人意，善于平衡和协调生活圈子里的各种人际关系；在家请严师母吃饭，做的饭菜是精心搭配过的，既要表现出对客人的重视，又要没有与严师母较量厨艺的意思。王琦瑶的处世艺术或者说生存智慧可以说是一种世故，但它却非常有效地维持了人际关系的和谐，为个人开辟了一个正常的生存空间。如果说普通市民的处世艺术在王琦瑶身上体现出来的是一种以生活阅历做底子的世故，那么在《生活秀》中的市井女子来双扬身上则体现为一种精明，一种采取种种权变手段争取和维护个人利益的机巧。来双扬非常泼辣，也极其能干。她深谙市民社会的人情世故和生

---

① 汪伟、方维保：《王安忆的都市话语与城市精神史写作》，载于《安徽师范大学学报》2002年第6期，第56~61页。

存法则，多年来在粗糙的生活中历练出一种机智而练达的处世本领。她圆熟地运用这种本领来处理各种生活难题：她用软硬兼施的手段教训了不安分的嫂子，维护了哥哥的家庭幸福。她巧妙地化解了与继母的多年积怨，并说服在她酒店里打工的九妹嫁给房管所所长的疯癫儿子，从而收回了祖传老房子的所有权。她从实际出发，明智地了断了与富商卓雄洲之间的暧昧关系，让个人的生活恢复到正常的轨道。凭着从社会底层磨炼出的人生经验，来双扬既顺利解决了生活中的一切麻烦，达到了目的，又没有付出什么实质性的代价。较之于来双扬，王安忆《飞往布宜诺斯艾利斯》的主人公妹头更是表现出了一种近乎狡诈的精明。她从小就以一种与年龄极不相称的善解人意赢得了好人缘。结婚后，她在家庭生活中以不正常的手段控制丈夫，使自己在夫妻关系中牢牢掌握主动权。最后，为了更好的物质生活，她不惜抛夫别子去了国外。普通市民的这种世俗生存智慧因为是以维护个人利益为目的的，所以在外在形态和实际内涵上难免泥沙俱下，藏污纳垢。从积极的意义上看，这种生存智慧是普通市民在日常生活中磨炼出的一种生存能力；而从消极的意义上说，有时候为了谋取个人的实际利益，它又难免会逸出正常的社会道德规范，表现出自私自利的劣根性。

根深蒂固的务实性格也深刻地影响了普通市民对于现实的态度。他们往往接纳和顺应身处其中的现实生存环境，缺乏反抗精神。范小青《城市民谣》中的钱梅子，在20世纪90年代的企业改制中下岗。在她，这仿佛是一种命运的必然。她没有表现出对于现实的强烈抗争，而是心平气和地接受了这一现实。再如《贫嘴张大民的幸福生活》中的张大民，对于生活中的不合理不如意，并未表现出反抗命运的激情和改造现实环境的壮举，而是以乐天的态度接受它，且善于用"贫嘴"的方式化烦恼为幸福。他们对于生存现实的肯定和容纳，都是自然而然的。在他们看来，生活本来就是如此。对于自己的人生处境，他们基本上不进行反思和追问。他们在对现实的认同中平心静气地生活着。即便是那些曾经与世俗环境格格不入的普通知识分子，也逐渐向现实妥协，完成了世俗化的降落过程。比如池莉《紫陌红尘》中的眉红，面对不满意的生活现实，一开始憎恶不已，但后来认识到个人是无法改变环境的，于是逐渐接受了这种生活。《一地鸡毛》中的小林，也在现实生存环境中很快消磨掉所有的激情和幻想，自觉地遵循世俗社会中的游戏规则，忍耐克制，随遇而安，心平气和并自得其乐。眉红和小林对于世俗性的生存环境不是对抗，而是妥协和适应。这种形象既与"十七年文学"中伟大崇高的英雄形象有着霄壤之别，也与20世纪80年代陆文婷这种知识分子形象在平静中所体现出来的超越型人格难以相提并论。社会的更迭、时代的变迁以及周遭种种具体的生存环境固然给个人的生活和命运造成了巨大的制约，但个人选择什么样的态度去生活，却是由他们自身的性格和世界观所决定的。务实禀性和对于自身处境的清醒认识，使得普通市民往往习惯于接受生存现状而很少进行追问、反思并去改造现实。

毋庸讳言的是，过于讲求实际的性格使得普通市民淡化了精神追求和思考，他们是"没有历史观，也不讲精神价值的"[1]。对于普通市民来说，柴米油盐的世俗生活是人生的一切，除此之外没有更高的目的。他们基本的人生观念就是："冷也好热也好活着就好。"对于他们来说，活着就是全部。尤其在面对各种艰难困苦的时候，活下去就成了他们生存的唯一目标。如果说他们也有理想，那么这理想也是非常实际的，是以当下的物质性生存为生发基础和终极归宿的，那就是怎样生活得更好一些。超越于日常生活之外的一切精神追求，在他们看来，都是一种奢侈和不切实际的妄想。尤其是当日常生存遭遇到外在的阻碍和破坏而成为一个事关生死的根本问题时，他们更是彻底地放逐了任何精神思考。

从某种意义上说，普通市民的实用理性思维和务实性格既是现代市民社会物质性的生活方式对人们的行为方式影响和要求的结果，也与普通市民在整个城市社会阶层结构中的位置有关。普通市民在城市社会中处于底层，他们的生存条件和生活状况没有中上层市民那样优越。尤其是在20世纪90年代的市场化进程中，经济发展带来的生活费用的高涨、其他市民阶层凭借自身的教育、能力和经济优势对工作机会和生活资源的大量占有，更使得普通市民的日常生存日益成为一个重要的人生问题。他们不得不努力争取生存资源，尽力去改善自己的生活境遇，因此，他们的行为方式、心理意识和精神气质就不可避免地带上了日常生活的形而下特征，个性的平庸在所难免，而人生理想和精神追求这些超越于现实生存之上的个人生活内容也必然遭到忽略。

---

[1] 王安忆：《寻找上海》，学林出版社2001年版，第109页。

5.2 专注个人成功的职业白领

20世纪90年代，随着城市化的进程，市民小说中出现了一类崭新的市民形象——职业白领。作为现代都市的新兴市民阶层，白领阶层是随着经济体制转轨和社会产业结构分化而出现的。"白领"这一称谓由西方社会学者的"新小资产阶级""中间阶层"[1]演化而来，最初主要是指为资本提供劳动的高级雇员。西方的理论并不一定适用于中国的实践。有的中国学者依据多元社会分层理论以职业报酬及社会评价为基点将白领阶层定位于"中间阶层"，认为中国的职业白领"大多具有较高的文化科学知识，主要从事管理和专业技术方面的工作，拥有丰厚的收入和较高的社会地位"。[2] 在中国，典型的职业白领最早产生于"三资"企业。20世纪90年代，随着城市社会的发展和社会分工的精细化，白领的范围不断扩大。就职业来说，职业白领一般供职于各类企事业单位、文化、商业以及第三产业的各个部门。与普通的体力劳动者不同，他们都拥有某类专业知识和技能，从事着非直接生产性工作，比如管理性和技术性工作。就收入和财富水平来说，他们一般收入比较优厚甚至具有可观的个人资产。就教育程度来看，他们基本上都接受过良好的教育，整体文化素质比较高。在20世纪90年代的城市社会里，随着职业白领范畴的扩大和力量的壮大，这一市民群体逐渐在生活方式、消费观念和文化趣味等方面发展起一系列稳定的特性，从而成为20世纪90年代中国社会中一个赫然醒目的阶层——中产阶层，也即"占有一定知识资本与职业声望资本，以从事脑力劳动为主，主要靠工资与薪金谋生，具有谋取一份较高收入，较好工作环境及条件的职业就业能力及相应的家庭消费能力，具有一定闲暇生活质量"[3] 的庞大市民群体。作家邱华栋对中产阶层进行过更为具体详细的界定，认为："作为经济地位和社

---

[1] 普兰查斯认为，通常被称为"中间阶层"的企业管理人员、技术专业人员和服务行业的人员，是既不属于资产阶级也有别于工人阶级的"新小资产阶级。"（普兰查斯：《当代资本主义社会中的阶级》）

[2] 张宛丽：《对现阶段中国中间阶层的初步研究》，载于《江苏社会科学》2002年第4期，第85~94页。

[3] 郑航生：《中国社会结构变化趋势研究》，中国人民大学出版社2014年版，第157页。

会地位都很稳固的一个逐渐扩大的群体,中产阶层一般受过很好的教育,大都有房有车,有事业进取心,他们的生活品位和生活乐趣也逐渐地趋同,是城市中引领消费和时尚的主体。"① 这样,职业白领就不单单是一个以职业、收入、消费能力等经济指标来界定的社会阶层,也是一个依据教育程度、文化趣味、社会地位进行区分、识别的市民群体。职业白领的价值追求、消费理念、文化趣味重塑了传统的市民意识形态,确立了起以个人主体性、经济理性和物质消费为核心的、新的、体现着时代精神的市民价值体系。

职业白领代表了一种新的人生理念。这种人生理念迥然有别于市井细民满足于"冷也好热也好活着就好"的平庸心态。市场经济是尊重个人利益和个人地位的经济形态,它的一个革命性功绩就是将个体的利益从集体利益的约束中解放出来,并加以强调和凸显。个人在平等交换的市场环境中被塑造成了具有独立经济利益的个体。同时,在市场经济时代,追求个人事业成功的渴望被当作自我求证的手段而获得了充分的肯定。市场经济所倡导的自由竞争意识与"能力本位"的个人价值衡量标准则"使过去人们讳言的自我设计、自我奋斗和自我价值实现成为广泛的事实"。② 20 世纪 90 年代市民小说中的职业白领形象充分印证并体现了这一社会现实。

作为一个正在上升的阶层。职业白领完全没有日常生计的困扰,无须为柴米油盐之类的琐事苦恼,也不满足于卑微地活着,而是要谋求个人的事业成功和个人价值的实现。由于市场经济所确认的事业成功标志和个人价值等级,是用能力、金钱和有形资产等物化标准来衡量的,因此,对于职业白领来说,通过个人的能力取得斐然的商业成就或者拥有雄厚的经济资本是事业成功和个人价值实现的重要标志。

在 20 世纪 90 年代的市民小说中,最吸引人们视线的是那些凭借个人能力与艰苦奋斗在商业活动中脱颖而出、成就了一番事业的白领丽人形象。开放的现代都市环境给职业女性提供了较为开阔的个人发展空间,也为她们发挥个人的能力提供了平台和机遇,更为女性真正实现自我价值和个性解放和提供了坚实的基础和现实可能。这些白领女性都毫

---

① 邱华栋:《印象北京》,广西师范大学出版社 2010 年版,第 219 页。
② 袁祖社:《权力与自由——市民社会的人学考察》,中国社会科学出版社 2003 年版,第 323 页。

不犹豫地追求经济意义的个人成功，努力通过自己的打拼成就一番事业，实现人生的华丽逆袭，转变为商界女强人。她们之所以如此看重和追求经济意义的成功是因为：在以金钱和物质为根本价值尺度的市场经济时代，拥有财富即意味着拥有社会地位、拥有个人的独立自由和人格尊严。这是市场经济时代不争的事实。

  但是，作为20世纪90年代商业社会中的性别弱势群体，她们往往要付出比男性更多的艰辛才能取得成功。在为成功而奋斗的过程中，小说中诸多具有出色商业才干的白领丽人都不畏艰难，不懈努力，体现出一种昂扬奋进的进取精神和勇于开拓的时代意识，充分彰显了雄心勃勃的个人主体性。张欣《首席》中的欧阳飘雪是天生丽质的女大学生，毕业之后进入了省玩具公司，从事市场开发与营销工作。她没有女性惯有的依附性，完全凭自己的能力去开拓市场，力争最好的工作业绩。外有市场竞争，内有同事倾轧，再加上各种意想不到的人事纠葛，置身于这种压力重重的生存环境中，她的艰难显而易见。但她勇于开拓，靠自己的努力和奋斗在残酷的商业竞争中脱颖而出，取得了令人刮目相看的工作业绩。张欣《掘金时代》和《最后一个偶像》中的主人公也同样都是在商海中奋力拼搏的白领丽人。《掘金时代》里的穗珠不安于贤妻良母的传统角色，毅然投身商海，要在商业竞争中实现自我的价值。她坚持自己的做人原则，不肯轻易言败，坚决拒绝通过肉体交易去打开市场，最终凭借自己的人格魅力将工作开展得有声有色。在《最后一个偶像》里，于冰放弃了沉闷乏味的家庭生活，独自去深圳闯荡。作为企业白领，她尽职尽力，终日为公司的业务奔波，以惊人的韧性和果敢去开创工作新局面，成为公司的顶梁柱。《泪珠儿》塑造了一位在激烈的商业竞争中不断成长的职场女英雄严沁婷的形象，通过她跌宕起伏的职场故事揭示了职场女强人是如何炼成的。严沁婷支教返城后做起了推销员的工作，因为深恶仓库保管员的工作作风而越级上书港商老总罗时音。罗时音既赏识严沁婷的勇气，也慧眼识英才，发现了她潜在的商业经营才干，建议她赴港发展，并承诺会给她提供发挥才干的平台，让她英雄有用武之地。于是，严沁婷毅然离婚赴港。经过香港发达商业文化的洗礼和重塑以及职业生涯的考验和历练，严沁婷化蛹为蝶，成长为精明强干、业务出色的职业经理人。但未等到她大展身手，罗时音就病倒了，失去了罗的支持，严沁婷被严氏家族解雇了。回到内地后，她在好友荐举下成为一家空调公司的推销员。凭借优秀的专业素质和出色的经营能力,她不断开疆拓土,刷新着该公司的空调销售业绩记录,为公司带来源源不断的巨大利润,从而在空调销售界站稳了脚跟,成为商界传奇人物。

在小说中,这些白领丽人的形象闪耀着主体人格的光芒,甚至具有了某种市场经济时代所孕育的英雄气质。她们在职业生涯中奋发有为、积极进取。更难能可贵的是,她们始终保持着独立的人格,具有强烈的自尊、自强意识,绝对不肯向商业社会的一些庸俗化游戏规则妥协。这类白领丽人构成了文学史上一个崭新的形象类型,标志着市场经济时代一种新的人格——作为独立自主人格的诞生。

同时,在个人奋斗过程中,这些女性始终保持着清醒的经济理性。这种经济理性首先体现在对经济独立、物质富足的追求,并由此形成了独立自主、自立自强的新型女性人格。无论是《首席》中的欧阳飘雪、《最后一个偶像》中的于冰、《掘金时代》中的穗珠,还是《泪珠儿》里的严沁婷,都在残酷的商场打拼中既释放出生命的活力、充分发挥了个人的能力,也收获了殷实富足的物质生活,获得了经济上的独立自由,进而摆脱了对男性的依附。这是一种与传统依附型人格截然不同的人格类型。在传统市民社会,女性的生活天地基本上局限于家庭,她们的天空是低的,她们往往既缺乏足够的谋生能力,也没有独立的个人意志,从生活到人格都依附于男性,比如张爱玲《连环套》中的女主人公、《四世同堂》中的韵梅。与传统的依附型人格相比,商业化都市所孕育出的这种独立自主人格无疑是一种巨大的历史进步。这些小说在某种意义上可以看作是经济视角的女性启蒙话语,提醒着人们:女性的解放、自由、平等乃至发展都是建立在扎扎实实的经济独立之上的,经济独立是这些理念得以实现的物质基础和有力支撑。女性只有获得经济上的独立、自足,才能不再依靠男性获得生存保障和经济上的安全感,从而获得真正的解放与自由。

经济理性还体现在对市场伦理和契约精神的遵循。《泪珠儿》中,在日常的商业活动中,严沁婷时时刻刻体现出一种职业生涯造就的、尊重和遵循市场原则与社会契约、以经济利益为目标的经济理性。在激烈的空调商战中通过认真调研,她能够理性分析,审时度势,精准判断,表现出清晰严谨的经济学思维。在进入空调公司后,她因为经营理念与经营方式与主管部门发生矛盾而断然离开，转而加入曾经与她结怨的天美公司。在天美公司，作为一个有着明晰经济理性的职业经理人，成就一番事业的经济理性战胜了狭隘的报复心理。她尽释前嫌，没有借工作之机挟私报复，而是把为公司赢利视为自己理所当然的职责，拼尽全力拓展业务、提升业绩，凭借过人的能力在天美闯出了一片新天地，赢得了受人尊敬的社会地位，重拾做人的尊严。在商业往来中，她跳脱出中国传统市民社会的人情传统，遵守社会契约，不讲人情，只讲放之四海而皆准的经济原则，即便是与自己的追求者签订合约，也不会出于个人私情考虑给予任何超越市场经济法则的优惠条件。

　　由于出身、资本、环境等方面的限制，一些渴望获得个人成功的年轻白领丽人在进入职场之初往往缺乏一些成功的必要条件。在强烈的成功欲望的驱动下，她们遵循市场经济的交换原则，甘愿为了成功捷径付出有悖传统贞操观的代价。张欣《仅有情爱是不能结婚的》中的商晓燕在艰辛的职业生涯中，深切地意识到必须借助于有钱有势男性的帮扶才能迅速抵达成功的彼岸。因此，在扎扎实实地奋斗的同时，她心甘情愿地做了总经理的情人，在遭到抛弃之后暂时接受了柯智雄的柔情。当总经理又想和她重修旧好时，她马上离弃了柯智雄。王海玲《在特区掘第一桶金》中的蓝黛，把处女之身作为资本同经济实力雄厚的男性进行交易，换取了成功的筹码。张欣《泪珠儿》中的女主人公最初也是通过委身巨商获得发展机遇，进而顽强拼搏成为商业界女强人的。因此，小说中这些白领丽人还体现出一种功利型人格特征。

　　除了摇曳多姿的白领丽人形象，市民小说中还出现了一些男性白领形象，尤其是为大众传媒广泛宣传的白领阶层中的精英——成功人士。在20世纪90年代中国的社会生活中，成功人士是一个构成复杂的群体。同时期一些市民小说中出现的典型的成功人士不知何故，财产来源较为暧昧。钟道新《单身贵族》中的许前飞和赖明，作为企业的决策阶层，都有着特殊的家庭背景。这种背景给他们的经济活动提供了各种各样的便利。正因如此，他们才能在商业界游刃有余，并迅速成为社会精英人物。张欣《婚姻相对论》中的艾强的致富捷径或许很能说明他这样的白领精英是如何谋取个人财富的：在公司的业务往来中收取回扣和受贿、设法偷税、非法倒卖车牌。通过这些违法乱纪手段，艾强积累起可观的个人财富，摇身变为生活豪阔的成功人士。毕四海《都市里的家族》中的原冶金厅副厅长在蜜月旅游中看到商机之后果决地辞职下海经商。他在日常商务中充分利用以前在机关工作时积累起来的社会资源，为自己赚取高额收益，从而把社会资本快速转化成经济资本。此外，张欣《你没有理由不疯》、池莉《来来往往》《小姐你早》等小说中都出现了类似的成功人士形象。说到底，他们的所谓事业成功和巨额财富不过是利用了特定历史时期社会体制的某些弊端和疏漏。在上述几篇小说中，这些所谓的成功人士，严重缺乏作为社会中坚阶层应有的社会责任感，从来不曾表现出对社会公益事业的关心和主动参与意识。他们高度关注的只是个人的私利，其在经济领域的损公肥私行为所体现出来的，是一种个人经济利益至上的极端利己主义人格。

  职业白领在为个人成功而奋斗和拼搏的过程中，还形成了特定的生活方式和文化趣味。在小说中，这些职业白领最为醒目的生存姿态就是展现优裕精致的生活方式和推崇高雅的文化品位，这两者进而成为他们的形象标志。展现优裕雅致的生活方式固然与白领们的经济收入和文化教养有关，但是，如果结合社会语境从心理意识层面来分析，就会发现，这更是职业白领向他人炫示自己的成功人生和阶层地位、获得他人认同和尊重的方式，也是他们经济理性的流露。

  在市场经济语境中，由于个人的成功主要是用经济尺度来衡量的。因此，在私人生活领域，优裕体面的生活方式就成为个人成功的最显豁的外在标志。张欣《爱又如何》中，洛兵的私人别墅环境清幽，"别墅里有车库，有草坪和遮阳伞，以及舒适的躺椅，"还配备了受过专业训练的家庭服务人员。《首席》中梦烟的家"一个厅是西洋式的，一个厅是东洋式的，两室之间用室内酒吧连接，吧台上全部是错落有致的洋酒。"《婚姻相对论》中，艾强一家则是典型的中国式中产家庭。孩子在贵族学校读书，妻子职业体面、收入丰厚。夫妻俩常去歌舞厅点鸡尾酒，到周末就驱车去郊区的别墅消闲。在张欣、潘向黎和唐颖等人的小说里，那些职业白领也潇洒、从容地穿梭于各个时尚空间：或在具有现代风格的咖啡屋里悠闲、娴熟地搅动杯中方糖；或在极富风情的酒吧里边倾听悠扬的钢琴名曲，边与恋人深情对视。这些经典的白领生活方式与生活场景浪漫而优雅。这样的生活方式毫无疑问是与丰厚的经济收入密切联系在一起的。

  此外，日常性的物质消费尤其是名牌化的物质消费，也是职业白领显示自身生存优越感的重要方式。20世纪90年代市民小说中的职业白领普遍具有强烈的品牌意识,日常消费一般选择知名品牌尤其是国际著名品牌。《首席》中欧阳飘雪一露面就是在试穿卡佛连和华伦天奴时装。《婚姻相对论》中的艾强,"穿博柏利以上的牌子,最好是英国的;意大利的假货太多,打个旗号就可以在毛里求斯生产;西德和法国的也能将就"。在《来来往往》中,康伟业"在繁忙的工作之际,他还抓紧时间为自己添置了几件行头:一块瑞士劳力士金表,梦特娇皮带和英国气垫皮鞋。这三件行头总共花费了8万多元。"职业白领选择名牌不单单是因为名牌意味着优良的品质。从心理动机来说,他们这种以名牌消费为核心的奢华物质消费已经超越了单纯的实用功能,在某种意义上已经成为他们向其他阶层尤其是普通市民阶层炫示自己事业成功、凸显自己优越社会地位的手段。这是因为:首先,奢华的物质消费品不是一般社会阶层有经济能力购买的,昂贵的物质消费意味着雄厚的经济实力。其次,在现代都市的消费文化语境中,消费的意义和功能已经向着社会文化层面延伸,消费已经不单单是对商品使用价值的消费,更是对商品符号价值的消费。品牌符号具有重要的象征意义,象征着特定的阶层身份和社会地位。借助于这些象征意义,品牌就成为某一社会阶层的符号象征和形象表达。因此,艾强、康伟业、欧阳飘雪等白领人士对于名牌的热衷就不难理解了。他们正是看中了商品品牌背后所隐含的那些对他们来说非常重要的象征意义。他们的物质消费可以说是一种旨在彰显个人物质性成功和社会阶层地位的消费,他们将名牌服饰、瑞士名表等奢侈品作为一种道具来宣示自身的富足和优越。因此,在某种意义上可以说,白领阶层正是借助于对名牌商品的消费以及名牌的象征意义确立起了个人成功和阶层身份的表达方式,以彰显自身的价值与意义,确立自身在社会阶层结构中的坐标,获得他人的认同与尊重。

最后,高雅品位也是白领阶层的标志性符号。在20世纪90年代的市民小说中,职业白领们普遍追求高雅的生活格调,往往都具有不俗的文化品位。《首席》中的欧阳飘雪和吴梦烟都喜欢贝多芬第九交响乐。《无雪之冬》中的男女主人公在爱尔兰女歌手恩雅天堂般的歌声中情话绵绵。《仅有情爱是不能结婚的》中的白领人士钟爱巴赫的名曲。一般来说,欣赏钢琴名曲这样的高雅艺术,正是上层人士和一般庸众的一种标志性区别。他们经常光顾的休闲场所多是富丽典雅的咖啡厅或者酒吧。比如《爱又如何》中，可馨和爱宛所去的酒吧品位不低，"素笺般的餐巾上放着雪亮的刀叉，配上独枝的恣意开放的天堂鸟""音乐永远只用巴赫、李斯特、肖邦的名曲"。此外，小说中的职业白领们还追求精雅、诗意和别致，这种追求渗透到了日常生活的一切细节之中。例如，《首席》里欧阳飘雪的房间布置精致且幽雅："窗帘布是淡黄色的小花，沙发软垫是她自己缝制的，亚麻色的底，赭石色的几何图案，多少有点印象派绘画的余韵，茶几上放着一尊高高的花瓶，古色古香，里面插了一把精致的杭州纸伞，伞下的绢制美女，身穿和服，表情乖美"；而她喜欢的服饰则是"柔软而高级的质地，优雅的浅色，毫不张扬的样式"。即便是一个贺仪袋，《十年杯》中的主人公也要精心挑选"饰有金色蝴蝶结"的。

  推重高雅品位背后隐藏着特定的社会心理原因。高雅品位在某些情况下与较高的经济收入有关，但与个人的文化知识背景则有着更为密切的关联。大多数职业白领都具有良好的教育背景，是中产阶层中高学历加高薪的特殊群体。他们需要标示自己独特的文化身份，以便与一般大众划出界线，也与同属中产阶层、却缺乏文化底蕴的暴发户区别开来。基于自身相对于这两者的文化优势，他们就把高雅的文化品位作为凸显自己独特身份的手段。

  需要指出的是，小说中职业白领们的生活情调也从一个侧面反映了20世纪末消费文化对理想生活模式的引导与塑造。它鼓吹新消费伦理："……自我表现、美的身体……向往遥远国度的异域风情、培养生活情趣、使生活具有独特的格调。"[①] 在小说中，中国白领阶层对高雅品位的刻意追求与强调、对丰裕生活方式的模仿以及对精致、浪漫、诗意等生活情调的培养恰恰是对这种消费文化的实践。

  在20世纪末中国的社会语境中，当白领阶层作为一个社会新兴阶层逐渐得到广泛的认可时，他们那种独特的生活方式、价值观念以及文化趣味，也通过各类大众传播媒介尤其是那些以他们为蓝本的广告形象向全社会辐射，从而深刻有力地影响和塑造着社会心理与价值观念：对于一般大众来说，白领阶层是成功的代名词和现代化生活的象征，是一般大众孜孜以求的生存理想。

---

① 约翰·费瑟斯通：《后现代主义与消费文化》，刘精明译，译林出版社2000年版，第127页。

5.3 放纵感性欲望的都市另类

在中国当代历史上，相当长的历史时期内，个人在物质、金钱和性等层面的欲望曾被确认为腐朽的资产阶级意识而遭到抑制和忽视。市场经济时代到来后，个人的各种感性欲望逐渐为社会认可并获得了存在和满足的合法性，在20世纪末的小说中，出现了一类特殊的市民形象——游离于社会主流生活之外、放纵个人感性欲望的都市另类。在小说中，所谓都市另类是这样一个市民群体：就社会身份而言，他们的阶层构成非常驳杂，既有无业游民，也有自由职业者，既有个体户，也有劳改释放犯；但有一点是相同的：他们都拥有体制外的身份。他们处处以自我的生命感受为中心，奉行一种"怎么快乐怎么来"的生活原则。这种生活原则表现在外在生存形态上，就是他们都主动游离于主流社会的生活秩序、伦理道德规范之外，其生活向着本能层面回归，肆无忌惮地放纵个人的感性欲望。

在当代文学史上，另类形象的塑造发端于王朔。20世纪80年代与90年代之交，中国正处于由计划经济向市场经济转型的初始阶段，新的体制尚未正式确立，新的价值观念尚在生成之中。正是在这样的时代语境中，王朔为文坛贡献了一群游弋于主流社会边缘的顽主形象。这群都市顽主既无固定的职业，也缺乏通常意义上的人生理想和目标。他们是一群游离于主流生活之外的边缘人。顽主们挣脱了一切社会、道德规范的羁绊，"一点正经没有"，坑蒙拐骗，游手好闲，行迹放荡，及时行乐，以"玩得就是心跳"的玩世姿态放纵自我的感性欲望，活得潇洒，活得快活。他们在世俗生活层面上的感性生命狂欢，体现了追求欲望解放和生命自由的市民意识。

20世纪90年代以来，现代市民社会趋于形成，个人生活的私密性逐渐获得普遍认可和法律保障，社会文化氛围日渐宽松。依托于这样的社会语境，沿着王朔开辟的道路，一些以另类市民为人物形象的小说流行开来。这些小说中的都市另类与王朔笔下的顽主一脉相承，是顽主在新的社会语境中的发展和变异。他们我行我素，以特立独行的姿态张扬着各自的感性欲望，在社会主流生活的边缘进行着喧闹甚至惊世骇俗的表演。90年代的市民小说主要塑造了以下几种另类形象：

5.3.1 醉心于金钱攫取的痞子式个体户

痞子式个体户形象以何顿小说中最多。他们都有一个相对边缘化的社会身份，即都出身于社会底层，甚至有着恶行劣迹。他们粗俗、直率、肆行无忌，完全是在本能欲望的驱使下生活。这类人物是市场经济初期阶段中国部分个体户的肖像写真。在现代商业日益发达、物质利益深刻影响人们生活的现代都市空间，经济意识的觉醒、金钱欲望的膨胀、对个人物质利益的追求都是自然而然的人性表现。痞子式个体户形象，一方面反映了市场经济对私人物质利益的认可和尊重，充分体现了市场经济时代个人作为独立利益主体的经济本性；另一方面，也在一定程度上折射了市场经济启动之初的某些社会现实，即"金钱形成了对权力、尊严、荣誉、神圣和正义等一切社会生活领域与社会观念的强大挑战，并使个人身份处于不断变幻、动荡之中。"①

痞子式个体户的一个突出特征，就是从行动到思想都完全忠实于自己的物质利益，时时处处以个人的物质利益为行动的指南，没有任何来自和这种利益追求相矛盾的道德困惑。更重要的是，为了个人的物质利益，他们敢于冒险。市场经济时代到来之后，这些原本生活于底层的贫民从时代变化中看到了改变自身生存困境和社会身份的希望，纷纷寻找发财致富的门路。《我们像葵花》中的冯建军最初选择经营小商店。《我不想事》中的劳改释放犯柚子给一位从事非法生意的老板做保镖，以换取丰厚的报酬。罗雄在朋友帮助下买了中巴车跑客运。在初步尝到甜头之后，这些个体户更是毫不掩饰和克制个人的金钱欲望，一任其无限地膨胀，并疯狂地追求欲望的满足。他们敢于冲破国家法律和传统道德规范的约束，通过种种粗鄙甚至违法的手段去疯狂地攫取金钱。《我们像葵花》中的冯建军全力寻求赚钱的途径，不惜触犯法律坑蒙拐骗，甚至通过"黑吃黑"的非法手段去获取丰厚的商业利润。这种发财方式充分体现出了市场经济初始阶段一些个体户疯狂、贪婪的金钱欲望。《生活无罪》中曲刚在与何夫的商业交往中用卑劣手段欺诈自己的生意

---

① 袁祖社：《权力与自由——市民社会的人学考察》，中国社会科学出版社2003年版，第260页。

合伙人狗子，从中谋取高额回扣，为了个人利益置友谊于不顾。狗子也不择手段地获取和维护自己的物质财富，在货物被黑社会头目诈骗后，不惜铤而走险用"以恶抗恶"的手段胁迫对方归还。对此，他们毫无道德的负担和犯法的罪恶感。

在追求金钱的过程中，何顿小说中的"痞子"式个体户们不但学会了不择手段地攫取金钱，还形成了一套以金钱为核心的人生价值观念。《生活无罪》中的狗子恪守父亲的教导："名誉是一堆废纸，只有老鼠才去啃它。"曲刚则无比迷信金钱的神通并将它无限放大："世界上钱字最大，钱可以买人格买自尊买卑贱买笑脸，还可以买刀杀人。"《我们像葵花》中的冯建军们把生活的全部意义归纳为极其简单且粗鄙的一句话："要心怀大'财'，发狠'搞'。"在他们看来，生存自由、人格尊严和生活幸福完全维系在金钱利益上。这是一种非常典型的暴发户的生存逻辑，其中既蕴涵着从粗粝的底层生活经验里积累起来的对于物质财富的直觉性感悟和本能性追逐，也体现了缺乏文化修养的低俗和粗鄙。

在个体户的生活世界中，人际关系也经过了物质利益的整饬，个人利己主义驱散了人与人之间的一切温情。个体户们丝毫不看重人情。对他们来说，人与人之间的关系就是赤裸裸的利益争夺与分配，友谊、爱情都要放置在个人利益的天平上来衡量，根据自己的物质利益进行取舍。《生活无罪》里的狗子、曲刚、何夫三人虽然说起来是朋友，但他们之间的关系又丝毫没有朋友在本质意义上的情感色彩，相反却浸透着浓厚的经济利益色彩。例如，曲刚与何夫为了争夺装修业务展开较量。《我们像葵花》中的冯建军与李跃进、刘建国、王向阳这帮市井哥们之间也不乏赤裸裸的利益争夺。《就这么回事》中的服装店女老板侯清清不顾情义，坚决不肯出钱将情人林伢子保释出狱。

或许，我们可以借用何顿一篇小说的题目来概括这些个体户的基本人生态度，那就是"我不想事"。"我不想事"表达的是一种放弃理性思考，放纵感性生命欲望的行为逻辑，代表着一种敢于行动、疏于思考的人格形象。在《太阳很好》中，孙军对"我不想事"的人生态度作了生动形象的解释："我们这些朋友，都是把自己的生命当成黄泥巴红薯了，削一截吃一截，不去思考以后的事"。"我不想事"首先意味着拒绝一切精神性的追求。作为市场经济时代的新兴市民，这些个体户认为所谓现实就是赤裸裸的物质利益竞争，而所谓幸福，就是切切实实的感官享乐。因此，他们丢弃了一切精神追求，义无反顾地投身到商业化浪潮中肆无忌惮地攫取金钱。拥有金钱之后，又随心所欲地纵欲狂欢。因为拒绝了精神追求，所以他们在以非法手段敛财的过程中既体会不到复杂的心理矛盾和沉重的道德负罪感，也感受不到对生命意义的追问而导致的人生虚无感。"我不想事"还意味着一切行动都听从本能的冲动，不需要经过理性思考就可以做出某种行为选择。例如，冯建军听到李跃进对自己的不满言辞，马上就挥刀相向，完全不考虑这样做的后果。小丽遭受情人妻子的报复后狂怒不已，很快以牙还牙，将对方毁容。

这些"我不想事"的个体户正因为缺乏理性的引导和文化的约束，其内心的原始欲望才变得如此率直粗鄙和汹涌有力。他们在这种粗俗而强大的感性欲望的驱动下冲破了一切道德规范甚至国家法律的约束。

5.3.2　逍遥玩世的文人

在 20 世纪 80 年代的精英知识分子叙事中，以作家身份出现的人物形象往往趣味高雅，品德高尚，以其高尚的人格操守和超越性的精神追求与一般庸众相区别。但出现在 20 世纪末一些市民小说中的作家形象却与此截然相反。他们既不再对缪斯女神顶礼膜拜，也缺乏高尚的人格操守和高远的精神追求，而是和一般大众并无二致的俗人。在这些小说中，昔日超凡脱俗的作家蜕变成了世俗生活的本体主义者，从理想的天国回到了世俗的大地，向着极端感性的生活状态回归。

这些逍遥混世的文人轻快地进入当下的世俗生活，恣意吃喝玩乐，充分享受着世俗生活的乐趣。《北京病人》中那帮文人哥们经常聚在一起吃饭喝酒，神吹海聊，淋漓尽致地享受着声色犬马之乐。在张弛的另一部小说《我们都去海拉尔》中，作家老弛能够从生活中的点点滴滴里发掘乐趣。朋友间的人情往来、过年时的琐碎家务、饭局上的调侃逗乐都能让他感到快乐无比。即便是无所事事时与老婆的闺房游戏也能让他乐此不疲，体验到无穷的乐趣。他敢于面对平庸的世俗生活，具有在平庸和无聊中寻求生命愉悦的本领。《支离破碎》《一塌糊涂》中，周文同样安于一种无拘无束、放荡不羁的世俗化生存方式和生命状态。写作挣钱之余，他混迹于各种各样的酒吧和迪厅，无所顾忌地泡妞，随心所欲到无聊和空虚。

在这种轻松惬意的生活方式中，他们表现出了对作家的传统文化身份的拒绝。他们确认自己是俗人，从没有把自己看作是高于普通人的思想启蒙导师，也没有把写作看得如何神圣，对种种精神话题更是丝毫不感兴趣。张弛《北京病人》中那些作家和电影编剧们在一起豪饮时根本就不谈任何深度话题，他们津津乐道的无非是哪位哥们勾引姑娘、醉酒发疯之类的琐事。在他们来说，写作不过就是对他们吃喝玩乐过程的忠实记录。《支离破碎》《一塌糊涂》中的作家周文和王朔一样，不仅把写作当作谋生的手段，而且从来不迷信甚至蔑视和、诋毁一切神圣的文化权威。他博览群书，总是能从古今中外的文化权威的思想言论中找到其所认为的破绽，然后进行猛烈的抨击和毁谤，甚至以"性"作为标尺去贬损这些权威话语的价值和意义。周文这一形象尽管在一定程度上表现了不迷信权威、破除偶像崇拜的现代市民意识，却又流露出一种强烈的精神虚无主义倾向。他消解了神圣、崇高等精神价值，却并未建立起一种健康向上、积极有为的人生价值目标。

《一半是海水一半是火焰》中的张明曾经主张："拼命吃拼命玩拼命乐，活着总要什么都尝尝是不是，每道菜都夹一筷子。"无论是老弛还是周文，在生活态度上都与张明有着惊人的一致性。按照他们的生活观念，人生中没有什么事情是值得较真的，生活就是此时此刻的感官享受。他们生活的动力不是来自某一崇高的价值信念，也不是来自某种超越性的精神追求，而是来自个人随时随地萌发的各种世俗欲念。他们这种拥抱世俗的生活态度或许表现了对世俗生活的热爱，活得逍遥快活是其终极的诉求。

与追求轻松快活的生活态度相一致，他们喜欢并且善于将生活简单化，使自己从现实生活中种种复杂而沉重的伦理关系中解放出来。老弛对于朋友从不挑剔，将朋友关系维持在共同吃喝玩乐的基础上。而周文对生活的简化则主要体现在爱情上。他绝对不去追求具有精神深度的爱情，对他来说，爱情就是没有负担的性的交流和享受。对于任何一个和他有性爱关系的女孩子，他都不愿意担负任何伦理和道义上的责任。《支离破碎》里，周文与陈小露的关系纯粹是简单明了的欲望对欲望的关系，无关乎情感，更不以婚姻为归宿。《一塌糊涂》中当嗡嗡对周文产生了强烈的依恋时,周文赶紧抽身而退。他的生活准则是"不自我欺骗,敢于面对自己最无耻的念头,敢于行动,过后说实话"。

5.3.3 沿着享乐主义轨道下滑的都市新人类

卫慧、棉棉、周洁茹等被评论界归为"七十年代生"的作家,以其异常尖锐和新潮的另类文本刻画出了都市新人类暧昧不清的面孔。她们小说中的人物形象与她们自己具有生命同构性。这些人物形象包括无业游民、自由撰稿人、酒吧歌手、流浪艺术家、咖啡店招待等形形色色的城市边缘人。他们是消费社会培育出的都市新人类,是与大都市里滋生和蔓延的享乐欲望同步成长起来的,欲望的释放和满足是其个人成长经验的重要组成部分。他们对繁华热闹的大都市社会生活具有本能的认同与热爱。对于生活,他们有着非常个人化的理解和体验,这种理解和体验都与追逐享乐的欲望直接相关。

生活之于他们,是一场接一场的生命狂欢,是一道接一道的消费主义盛宴。他们拒绝平庸和正常的生存方式,浪迹于各色酒吧和舞厅之间,在狂热混乱的生活和高强度的感官刺激中寻求令人眩晕的生命快感。在卫慧的《像卫慧那样疯狂》中,阿慧、阿碧这样的都市新人类徜徉于酒吧、夜总会,疯狂地释放着自我的生命欲望。在自我的生活空间里,她们随心所欲地安排自己的私人生活,没有任何道德负担地体验本能的快乐。这种无拘无束到惊世骇俗的另类生存方式虽然沿着自由的向度攀缘,但终究过度颓废和堕落。叶弥《城市里的露珠》中的女主人公是个具有叛逆色彩的现代都市女孩,她在商业上的成功和富有为她的叛逆创造了条件。她的钱几乎可以满足她所有的欲望。她蔑视一切常态的、广大普通人普遍认可的生活方式,工作之余总是选择种种另类方式活跃于都市的黑夜深处,在不需要面具的空间里,展示真实的自我,放纵原始的欲望。以上人物连同丁天《饲养在城市的我们》中的刘军、齐明,棉棉《糖》中的白粉妹、《一个矫揉造作的晚上》《九个目标的欲望》中的诅咒等,构成了一个都市新人类形象群体。与前述两种都市另类形象相比,这是一种更为放荡不羁、也更为诡异狂野的形象群体,是现代大都会的一种奇观。都市新人类的生活完全沿着享乐主义的轨道下滑。他们无拘无束、随心所欲地生活着,沉醉于都市生活的浮华与奢靡中。他们的人生哲学在小说《像卫慧那样疯狂》中得到了概括性的表述："简简单单的物质消费，无拘无束的精神游戏，任何时候都相信内心冲动，服从灵魂深处的燃烧，对即兴的疯狂不做抵抗，对各种欲望顶礼膜拜，尽情地交流各种生命狂喜包括性高潮的奥秘，同时对媚俗肤浅、小市民、地痞作风敬而远之。"对他们来说，生命的意义就来自在混乱狂热的欲望放纵中所获得的快感和刺激。

马尔库塞早就警告人们，随着物质生活的繁荣以及技术主义的发展，人正在越来越走向"单向度"。所谓"单向度的人"即是指丧失了思想、对现实丧失了超越能力的人。他们彻底地沉湎于物欲化的现实，失却了人之为人的那种澄明的理性和清晰的判断力。在这个意义上说，都市新人类就是"单向度的人"。他们严重缺乏人之所以为人的理性精神，缺乏丰沛的情感活动和饱满的人格内涵，更谈不上对欲望化生存方式的反思、质疑和批判，只是单纯的感官欲望意义上的人。

这样，以顽主为发端，从痞子式个体户、玩世文人一直到都市新人类，形成了一个相对完整的都市另类形象体系。这些面貌各异的另类，完全依照自己的感性欲望来生活。对于他们来说，只有自我的生命欲望才是最值得关注的，人生的意义就在于欲望的及时宣泄和适时满足。他们绝不克制和压抑自己的内在生命欲念，而是尽情地释放和宣泄各种感性欲望，在纵欲中寻求生命的快感。

与对欲望狂欢的沉溺相对，都市另类们普遍漠视精神追求，表现出鲜明的精神虚无倾向。他们赞赏以感性欲望对抗精神追求，嘲谑和放逐一切超越性的精神价值目标。欲望化的生存方式彻底把他们引向精神虚无的深渊。感性欲望满足的瞬间性决定了它既不可能提供生命的意义和价值，也不可能成为人的精神栖息地。于是，在20世纪90年代的市民小说中，我们看到，由于缺乏必要的精神支撑和正常的理想追求，欲望的狂欢过后，都市另类们总是感到无比的空虚、寂寞、茫然、厌倦和难以排遣的焦虑与孤独。如周洁茹在《我们干点什么吧》中所说的："其实我们现在什么也没有。我仍然像以前一样两手空空。我想抓住什么，但什么也没有抓住，我过着很优雅的生活，但我的骨头是烂的，烂得一塌糊涂。"叶弥《城市里的露珠》中的主人公经常感受到人格分裂的痛苦和焦灼。石康《支离破碎》中的周文像一根漂流在日常生活表面的稻草，体验着生命中不能承受之轻，无聊和焦灼时时侵袭着他的心灵。

在焦虑、苦闷情绪的驱使下，都市另类们只好不断地尝试各种欲望游戏，以期寻找到灵魂的归宿，但结果只能体验着更深的焦灼与厌倦。他们始终找不到可以归依的精神家园。

5.4　勇于闯荡都市的新式移民

　　20 世纪 90 年代，城市由于快速发展而成为中国社会生活的中心。在中国的现代化进程中，城市意味着文明，意味着改变命运的机会，更意味着一种优越的、现代化的生活方式。再加上城乡之间、大都市与小城镇之间的生活差距，于是，进入城市尤其是大都市，成为人们普遍性的梦想。同时，城市的发展也为人们的迁徙提供了现实的可能。在持续不断的城市化进程中，城市为了维持正常的运转和进一步发展的需求，需要大量的人力资源为其提供各种各样的服务。这就给人们在城市中的生存提供了机会。因此，外来人口源源不断地涌向城市，在城市中谋求新的生存和发展机会；而城市也以开放的胸怀吸纳着形形色色的人群。可以说，城市化进程"提供了一条通向新生活方式的捷径，造成前所未有的社会流动性"。[①]

　　20 世纪 90 年代市民小说中的都市新移民形象正是对中国城市化进程的生动表达和注解。之所以说他们是新移民，是因为他们完全不同于《骆驼祥子》中的祥子那种被迫进城、仍保持着农民观念的移民，也不同于《富萍》中那些被城市接纳的主要靠劳动力谋生的移民群体。同时，他们在文化身份、价值观念和知识素养等方面与当下进城务工的农民工也有着根本性的区别。在小说中，他们都具有一定的学历和专业技能，原本就生活在中小城市。在这些新移民眼中，小城市和大城市并不仅仅是两个截然不同的生活空间，而是代表着两种迥然有别的生活方式和人生理想。小城市不仅意味着狭小闭塞的生活空间，而且代表着平淡乏味的生活方式以及一眼就能望到头的人生。而大城市不仅标志着现代化的生活方式，而且意味着广阔的个人发展空间。因此，扎根繁华的大都市就成为他们的人生理想。

[①] 丹尼尔·贝尔：《资本主义文化矛盾》，赵一凡等译，生活·读书·新知三联书店 1989 年版，第 95 页。

在小说中，这些青年人都是满怀人生的理想来到大都市的。他们的理想，更确切地说，就是一些世俗性的生活欲望：获得世俗意义上的成功（通俗而简洁的说法就是发财、出名，拥有金钱、权力、地位和成就）、拥有良好的生存境遇（主要是优裕的物质条件）、赢得幸福的情感生活。从这个角度可以说，他们都是当下中国都市中的拉斯蒂涅，野心勃勃，想在大都会中寻求发迹显达的机会。邱华栋《手上的星光》里，"我"和杨哭这两个拉斯蒂涅式的青年，"从东部一座小城市来到北京，打算在这里碰碰运气。我们都很年轻，因此自认为赌得起……我们都是属于通常所说'怀揣着梦想'的那类人。我和杨哭除了梦想，便口袋空空，一文不名。但我们至少都对自己充满了信心。我们俩离开青春时代还不算太久，因此保留了足够的热情打算把剩下的青春年景在这座城市中消耗掉，借以换取我们想得到的东西"，"我""打算靠写作挣钱与成名，再娶个好老婆"。而杨哭则希望自己能够拥有青云直上的政治前途。《环境戏剧人》中的"我"在进入豪华饭店的刹那就做出了人生的决定："我必须要进入一个新的社会阶层，在这样一个迅速分层的时期，我必须过上舒适的生活。"《宁婴》中的女主人公在繁华的上海滩寻寻觅觅，是希望能够碰上一个可以给予她婚姻的男人，使她可以定居在这个现代化大都会。罗迪《痛并快乐着》中的男主人公因为向往大城市的现代化生活才辞职从小城市来到深圳。从小说的故事讲述中可以看出，过上心向神往的理想生活是这些都市新移民闯荡都市的目标，也是支撑他们在都市挣扎、奋斗的强大动力。

在20世纪90年代市民小说中，都市新移民们都敢于尝试，敢于冒险，勇于拼搏，大多具有强大的行动能力和适应能力。作为外地人，新移民们在大都市里没有根基、没有仰仗，一切只能靠个人的努力和奋斗。面对生存的压力、物质的诱惑和价值的无序等严峻的都市生活现实，他们毫不畏惧，而是从个人的奋斗目标出发来认同当下的现实。他们固执地相信能够凭借自己的能力实现自己的梦想。于是他们不断地更换工作，不断地重新设计自己的成功路径，力图通过不断的尝试和努力来实现预期的人生理想。在《手上的星光》中，"我"和杨哭面对现实积极采取行动，并适时地调整努力的方向。杨哭从下放锻炼的经历中深刻认识到，像他这种没有背景的外地人，要想在仕途上有所发展，只有与权贵联姻这条捷径。于是，他立刻调整了自己的努力方向，由安分守己地工作转向拼命追求一位政界要人的女儿。失败之后，他并没有灰心，转而辞职下海经商。"我"则频繁地变换工作，希望能够寻找到一个可以快速实现自己奋斗目标的职业。《城市战车》《城市狂奔》等小说中的主人公都属于这类敢闯敢拼的都市新移民。

尽管都市新移民们认同都市的生存规则，在价值观念和行为方式上也与都市的常住民们没有什么差别，但是他们却较难拥有常住民那种安定的生活。对城市资本的拥有决定着个人生活的质量，在户籍仍然被作为居民身份标志的 90 年代，他们没有大都市的户口，也就较难彻底融入大都市、被大都市真正接纳，尤其是他们中的大多数人都没有足够的经济实力在大都市买房定居，因此，也就无法真正融入都市的生活。《闯入者》中的主人公吕安因为无法办理调动手续而不能被北京真正接受和容纳。《别人的城市》中的殷志寄身深圳特区五年，经历了各种奋斗和艰辛。无奈之下，他返回家乡小城，却发现自己成了外来人，只得再次出门，继续奋斗在庞大的城市。这或许是一种新的市民生存经验。这种生存经验完全不同于那些在都市里安居乐业的人们的生活体验。

虽然新移民们是如此迫切地想要真正融入都市、被都市认可和接纳，但总是被都市无情地拒之门外。因此，在新移民眼中，现代都市在根本上是一股强大而无形的异己力量，始终与他们处于紧张的对峙和冲突之中。《城市战车》《沙盘城市》中的主人公总是无比愤恨地把城市比喻为"吃人的老虎机""不停旋转的沙盘"。都市的庞大和难以把握，使得个人在它面前是那么微不足道；都市生活在外观细节上的流动不息和瞬息万变，都可能会让人感到渺小、惶惑、孤独，难以获得内心的安定。安妮宝贝《观望幻觉》里的安是一个外地来沪的女孩，工作非常勤奋，但不被大家认可。周围热闹的世界与她无关，所有人的喜怒哀乐也都和她无关。她只能封闭在个人的狭小天地里，品味着孤独和寂寞。《末世爱情》那个在酒吧中伤心的女孩，在流浪的途中始终无法找到一个可以停靠的怀抱，孤独如影随形，时时侵扰着她脆弱的内心。邱华栋《城市狂奔》《天使的洁白》中年轻的新移民们，在庞大的北京城中有时感到焦虑、失落和无助，经常在现实欲望满足和人生意义追寻两极之间矛盾、徘徊，找不到坚实的精神支点。

概言之，城市化进程给人们提供了改变生存方式和人生命运的机会，由此产生了大量都市新移民，孕育了新的市民精神。对于新式移民在融入都市过程中所体验到的奋斗艰辛、精神焦虑，20世纪90年代市民小说都进行了比较到位的书写，从而提供了一种独特的文学审美经验。

第6章　叙事追求：可读性文本的倾力打造

市民小说发端于宋代勾栏瓦肆的"说话"，原本就是一种世俗艺术，是市民社会的一种消费性话语，是为了满足市民阶层茶余饭后的消遣需要而产生和存在的。市民的审美心理"带有明显的目的理性或工具理性色彩"，"市民的文化""总是世俗化的、与自身生活紧密相关的、能够为其理解自身以及自身所处的社会提供帮助的"。① 因此，从一开始，市民小说就贴近市民阶层的日常生活和审美需求，追求与市民阶层的沟通。

从市民小说的发展历史来看，真正为市民大众认可、受市民大众欢迎的小说，不仅能够反映市民阶层的生活欲求、生存状态、思想情感、价值观念和利益诉求，而且在文本层面能够满足市民大众的审美心理。市民大众的审美心理既有相对稳定的一面，又有追新逐异的一面。在漫长的历史中，经过各种通俗文学的熏染和塑造，好看的故事、曲折的情节、流畅易懂的语言等文本要素，经过代代承传和积淀，已经稳固化为市民大众的审美要求或者说一种审美无意识，也成为市民小说世俗性叙事稳定的文本资源或者说传统。市民大众的审美趣味随着时代变化而发展变化，追求新奇，追求变异。这也推动了市民小说叙事艺术的发展创新。作家们在写作技巧上不断求新求变，吸收融合各种流行元素。各种有利于表现市民生活的叙事技巧都被整合进文本并发扬光大，从而形成一种具有时代感的叙事文本。

在文学的创作与阅读逐渐被纳入市场生产与消费体系的20世纪末，读者与作家的关系逐渐发生了根本性的改变。读者不再是作家启蒙和教

---

① 仲红卫：《论当代中国市民文学的生成》，载于《浙江社会科学》2001年第2期，第158~161页。

导的对象，而是摇身变为作家的"衣食父母"，读者的审美趣味和文化消费需求通过市场对作家的创作构成了潜在而强大的制约。作家的艺术探索和叙事技巧的选择，都在不同程度上受到读者审美趣味的规约和牵引。

具体到市民小说来说，市民阶层的阅读趣味和审美心理对小说题材内容、文本叙事的影响非常深远。"张爱玲热""池莉热""王朔热"等文学现象就能在很大程度上说明问题。市民小说需要在"写什么"和"怎么写"双重维度上都贴近大众的阅读趣味，才能在读者市场畅销。即是说，市民小说必须采用市民大众认可的叙事语言，通过市民喜闻乐见的叙事方式，去书写市民大众的生活，讲述市民大众的人生故事，才能赢得市民大众的青睐。

20世纪末，在社会的转型过程中，随着市民的扩展和层次分化，以往那种相对稳定的市民审美趣味在某种统一性中发生了迅速地分化。因此，20世纪末的市民小说一方面及时书写时代的市民生活图景、表达市民阶层的价值观念，以符合广大市民的阅读趣味，并为不同的市民阶层提供自我认同的途径。另一方面，又对市民小说在漫长历史中积淀起来的文本资源进行转化、创新，使之能够表达当代的市民生活与市民故事。另外，20世纪末市民小说还充分开掘和利用当下市民社会的话语资源，将之融入文本叙事，使文本叙事呈现出具有时代感的世俗生活气息。

本章分别从叙事方式、叙事策略和叙事语言三个方面分析20世纪末市民小说的叙事追求。

6.1 故事传统的现代演绎

对于小说来说，故事是其恒久的叙事方式，甚至说是最基本的、本位性的叙事方式。对于这一点，人们几乎达成了共识。王安忆曾说："小说要有一个好的故事，这是最主要的，没有故事根本不行"。[①] 范小青也表达过类似的看法："小说无论它发展到什么时候，有几件东西大概是少不得的：语言的魅力，好故事。"[②] 池莉的表达更为详细；"我想

[①] 王安忆：《王安忆说》，湖南文艺出版社2003年版，第202页。
[②] 范小青：《范小青文集——无人作证·自序》，江苏文艺出版社1997年版，第2~3页。

第 6 章　叙事追求：可读性文本的倾力打造

小说就是故事，是我们人类已经发生和即将发生和想象它发生的所有事情。我不否认任何小说写作技巧，不拒绝任何小说流派，这些全是小说的衣裳，如何变化都不会改变小说的本质——人的故事"①。作家的任务就是要运用各种文学技巧讲好故事。英国文学理论家佛斯特也认为故事是小说基本的显示形态："故事是小说的基本面，没有故事就没有小说。这是所有小说都具有的重要因素。"②

同时，在中国的文学传统中，宋代"说话"以来的文学尤其是通俗文学对故事的倚重使得故事成为大众根深蒂固的阅读趣味，"无论把小说的效能说得多么天花乱坠，读者对于一篇小说的要求始终只是一个故事。"③ 此外，大众还追求故事的曲折和新奇，要求故事必须"有趣，好看"（冯骥才语），平铺直叙的故事容易让大众感到厌倦和乏味。这些审美要求对市民小说的叙事方式构成了潜在的制约。

在 20 世纪末的消费性文化语境中，小说要赢得读者的认同，就要尊重他们的阅读趣味。现代城市社会中"习惯了斗争、烦恼和实际生活的单调"的普通大众，"需要急遽的情感，惊人的章节"④ 以松弛身心、获得感性的审美愉悦。20 世纪末，绝大多数市民小说都准确地把握住一般大众的阅读趣味，沿袭了古老的故事传统，把讲述故事作为最重要的叙事方式，并调动各种叙事手段把故事讲述得跌宕起伏，引人入胜，富于传奇性。

现代城市既是市民小说制造传奇故事的背景，也为传奇的制造提供了源源不断的素材。"现在的城市生活无时无刻地发生着急骤的变化，荣和辱，富与穷，相聚和别离，爱情与仇恨等，皆可以在瞬间转换。"⑤ 在变幻莫测的城市生活中，坊间传闻、市井八卦、社会新闻，情爱纠葛等新奇故事层出不穷。很多市民小说就依托于变幻莫测的城市生活，编织着一个个世俗性的传奇故事。张欣的小说几乎篇篇都在讲述传奇性的

---

① 池莉：《小小一说》，引自《池莉文集》第 4 卷，江苏文艺出版社 1995 年版，第 209～210 页。
② 福斯特：《小说面面观》，苏炳文译，花城出版社 1984 年版，第 245 页。
③ 施蛰存：《小说中的对话》，载于《宇宙风》1937 年总第 39 期，第 109 页。
④ 马泰·卡林内斯库：《现代性的五副面孔》，顾爱彬等译，商务印书馆 2002 年版，第 256 页。
⑤ 池莉：《说与读者》，引自《池莉文集·紫陌红尘》，江苏文艺出版社 1995 年版，第 1 页。

故事。在《依然是你》中，职业白领管静竹和惯偷焦阳，有着完全不同的生活背景，但一次萍水相逢的邂逅却将这两个风马牛不相及之人的命运生死相连。《访问城市》讲述了普通人的人生传奇。弟弟杀了人，哥哥代替他去坐牢却收获了一份美好的爱情。前途无量的大学生一念之差走上了吸毒贩毒之路，银铛入狱、众叛亲离之际，小学班主任的探监感化了他，出狱之后他洗心革面迅速成为著名的歌手。《致命的邂逅》中同样堆砌着一连串大起大落的人生故事，很容易让人萌生出"人生如戏"的感慨。出身贫寒的姑娘徐寒池失恋之后凭着自己的刻苦努力改变了自己的人生走向，成为都市白领，并嫁给了富商；跑龙套的市井平民阿旦偶然蹿红成为电影明星，一次拍戏摔伤致残后，又回到了从前那种平淡的生活。人物命运的起落沉浮增强了故事的偶然性和戏剧性。池莉在20世纪90年代的小说开始向着传奇化的方向发展。她依托于现代都市生活，虚构了一个又一个传奇化故事。《惊世之作》的核心内容是一个离奇的故事。一个叫列可立的中年男性费尽心机窃取了一个叫安波舜的女子的巨额存款，但在要永远离开这个城市的时刻又良心发现，约安波舜出来吃饭并悄悄把存款单还给她，谁知警察突然出现逮捕了他。原来安波舜竟然是国际刑警组织的秘密警察。整体叙事不断呈现为戏剧化、离奇化的倾向，情节的巨大反转完全出乎读者意料，让人忍不住拍案惊奇。《小姐你早》和《云破处》也都具有浓厚的传奇色彩。上述传奇都具有非常明显的虚构和夸张痕迹，它们代表了传奇的一种形态。而卫慧、棉棉等年青一代作家讲述的故事则代表了传奇的另一种形态。吉利·恩比尔指出："一个时代或某些读者眼中的现实主义小说在另一背景下令人不可思议地成为'传奇'。"①《欲望手枪》《上海宝贝》《糖》里面那些颓废、混乱的另类故事，在作者自己眼中完全是"写实"的，但在那些对这种惊世骇俗的前卫生活非常隔膜的读者眼中却因为新奇和怪异而转变为"传奇"，从而满足了他们的猎奇心理。

为了增强故事的可读性，使故事富有引人入胜的魅力，很多市民小说采用了种种叙事策略来设置曲折多变的情节，扩展故事的社会生活容量。

第一，尽可能扩大故事的社会生活容量，让故事负载丰富的生活信

---

① 吉利·恩比尔：《传奇》，昆仑出版社1994年版，第8页。

息和意义。一些市民小说为了充分展开故事，往往使故事牵涉到广泛的社会阶层，包罗广阔的社会生活，并且将黑社会、私生子、遗产、犯罪、复仇、忏悔、贫富差异、道德殊途等驳杂的文化因素编织进故事之中，以造成情节的复杂多变和故事的摇曳多姿。池莉的《口红》以赵耀根和江晓歌这对夫妇20年间的悲欢离合为故事的主线，涉及的社会阶层和社会生活面相当广泛，既有普通工人、知识分子、下岗女工，也有大款、企业白领；既包容了平庸的日常琐事，也收罗进了人命案、绑架、自杀等不同寻常的突发事件。在整个叙事过程中，江、赵两家的贫富差距所引发的家庭矛盾，江晓歌弟弟的犯罪、入狱和忏悔，唐燕影借助于黑社会对赵耀根的报复，赵耀根最后的忏悔等故事性因素的插入让故事的主要情节复杂迂曲、变化多端。随着情节的跌宕起伏，读者的阅读期待不断受挫，又不断获得柳暗花明的意外惊喜。张欣《泪珠儿》通过惨痛又不乏温情的亲情故事串联起形形色色的社会人物，并把主要人物的生活片段和人生经历整合进亲情这个大的故事框架中，使亲情故事包容了城市中让人心酸、感慨和震惊的生活内容：私生子扭曲的心灵和人生的堕落轨迹、女强人的商场拼杀和情感波折、社会底层的卑贱生活。在残酷的亲情这一大的叙事框架内，婚外情、暴力、犯罪、三角恋、商业风云等通俗性故事元素经过作者巧妙的迂回穿插和排列组合，构成了一个具有良好的可读性的文本。张欣认为，"病态的都市恰恰隐藏着最复杂怪异、最不为人知的人物关系，隐藏着让人心酸和哀怨、感慨和心悸的插页。"① 因此，她的《浮世缘》《伴你到黎明》等小说也都尽可能地避免对琐碎日常生活的叙述，而是尽量呈现丰富多彩的社会生活，并从中提取那些最富有戏剧性的部分，也即"让人心酸和哀怨、感慨和心悸的插页"来编织故事。这样的故事能够带给大众强烈的阅读快感。

第二，在叙事中穿插和运用巧合、突变这类中国通俗小说惯用的叙事技法和手段，使故事不断地突破直线发展的状态，改变发展方向，衍生出新的情节。"与毫无特色的直线相对照，弯弯的曲线成为构成情节、富有意义的符号。"② 池莉在《云破处》中设计了一个惊人的巧合：曾善美偶然发现当年毒死父母的就是现在与自己朝夕相处、相敬如宾的丈

---

① 张欣：《不要问我从哪里来》，载于《中篇小说选刊》1988年第1期，第97~115页。
② 希利斯·米勒：《解读叙事》，申丹译，北京大学出版社2002年版，第27页。

夫。这一巧合使故事波澜陡起，让读者无法预测故事的发展方向。张欣非常善于运用巧合技法来促成情节的转折和新的故事性因素的产生，在《缠绵之旅》《为爱结婚》《婚姻相对论》《掘金时代》《永远的徘徊》《最后一个偶像》等小说中都可以看到她对巧合的纯熟运用。在《缠绵之旅》中，黎渺渺去找好友洁熙想向她倾诉心中的郁闷，不料到了洁熙家却撞见她正在与自己的情人蓝蒙疯狂做爱。这一巧合打破了故事的直线进展，使故事产生了新的发展可能。池莉的《你以为你是谁》很好地利用了情节的突变来强化故事的戏剧性色彩。个体户陆武桥和漂亮女博士欣宜的浪漫爱情迅速而顺利地向前进展，经过一天一夜的幸福生活之后，喜结良缘似乎是顺理成章的结局了。但就在这个时候，欣宜却出乎意料地主动放弃了这段缠绵的爱情出国了。张欣的《浮世缘》也屡屡运用突变来造成情节的跌宕起伏。瑞平抛弃相恋多年的女友跟随富商的女儿到泰国发展，谁知去后才知富商已经沦落为街头摊贩；落虹接受了巨商的"馈赠"出境旅游，没等回国巨商却在金融危机中破产自杀。这些突变打破了读者的阅读期待，也增加了故事的传奇性和可读性，吸引读者迫不及待地阅读下去。

　　第三，打破传统的单线结构，设置两条或多条相互交织的故事线索，同时每条线索上的若干小故事又互相关联，构成一个头绪繁多、枝缠蔓绕的故事体系。张欣《今生有约》就设置了两条线索，一条线索是党员的家庭生活和日常工作，另一条线索是以宝姑为中心的错综复杂的情感纠葛；每一条线索都包含着一系列独立的、但彼此之间又有着内在逻辑关系的小故事。作者通过党员为拯救身患绝症的儿子四处寻找同父异母妹妹团员这一中心事件把两条线索巧妙地糅合在一起，形成了枝叶繁多的故事结构。每一个小故事的发生和发展，都构成了情节发展的新的契机，推动整个叙事向着戏剧化的方向发展。《彼岸花》最值得称道的就是其精心安排的故事结构。小说把现实情节与电影故事作为两条叙述线索，让两线索平行前进、交错发展。央歌儿《来的都是客》、洪晓娟《最后的传奇》也都包含了两条相互交织的线索，无论是沿着哪一条线索展开的小故事都使叙事节外生枝，不断地制造着新的阅读趣味。但在整体上，这些小说又按照某种逻辑关系将这些小故事连缀成一个完整、严密的大故事。

6.2 趋同大众趣味的叙事策略

所谓叙事策略，就是指创作主体为了实现自己的写作目的和审美意图而采取的种种叙事手段。这种叙事手段，既取决于创作主体的个人经验和艺术追求，又受制于他们的叙事动机。因此，考察叙事策略，实质上是从创作主体的艺术动机和审美心理出发，进一步分析20世纪末市民小说在艺术实践中的思维方式与审美效果。20世纪末的市民小说之所以体现出明显的文化消费性倾向，就创作主体的审美心理而言，显然是试图适应文学生产与消费的商业化法则。而要适应这一法则，作家们就不仅要对文化消费主体的精神需求及其审美期待密切关注，还要对市民文化的潜在特征十分熟悉。就市民文化的内部结构来看，其"配方程式是人们对生存世界的认知方式。……配方程式的现实性主要体现为这些象征、形象和主题与大众日常生存的相关性，而不单纯是故事的当下性。虽然故事的当下性，尤其是它与大众日常生存所面临的问题的直接联系，是增强这种相关性的一个重要条件。"[1] 这也意味着，为了在最大程度上契合当下市民的精神意趣和审美心理，20世纪末的市民小说家们在具体的创作过程中，不仅要密切关注市民阶层丰富复杂的文化消费心理，还要充分发挥作家自身的艺术创造力，调动各种有效的话语方式，使作品能够从不同层面贴近不同市民群体的文化心理和审美期待。

6.2.1 时尚奇观的精心制作与影像化呈现

所谓时尚，是指一定时期、一定范围内引领潮流的新东西。时尚以标新立异取胜，因此急遽的变换与更新是时尚的根本特征，在时尚的版图上，"当一种旧的时尚像一滴墨水滴落在社会的某一中心正向四周普遍洇散时，一种新的时尚在另一中心露出了端倪。"[2]

都市天然是时尚的发源地和传播空间，它为时尚的产生和流行提供

---

[1] 徐贲：《评当前大众文化的审美主义倾向》，载于《文艺理论研究》1995年第5期，第9~19页。
[2] 贺绍俊：《都市化与文学时尚化》，载于《小说评论》2004年第1期，第4~10页。

了一切必需条件。时尚也是广大市民追逐的目标,尤其是年轻的市民群体,追逐和炮制时尚是他们的生活重心和理想追求。面对这一特殊的市民群体以及他们所具有的巨大的文化消费潜力,一些市民小说家自然而然地对流行时尚表现出了巨大的叙事热情。因此,以"追踪时尚、表达时尚甚至制造时尚"①为特征的时尚化写作成为20世纪末市民小说突出的叙事策略。这种叙事策略的最大目的,就是彰显现代都市中各种新奇、独特的物质和生活景观,以迎合广大市民对时尚的普遍热衷心理。

由于时尚向来以引动潮流为目标,总是试图在整个社会层面来建立共识性的文化情趣,②所以,时尚化的写作策略给人们所提供的,始终是处于都市前沿的物质消费和时髦的生活方式。他们总是将当下的各种时尚标签随意地穿插在叙事中,使叙事的各种构成要素从人物的职业、对话到具体生活情景,从叙述细节到整个故事都打上了时尚的印记。时尚在他们的作品中无限泛滥,终于膨胀成一种极富观赏性的现代奇观。张欣的小说中到处点缀着"沙驰"皮鞋、"毒药"香水、"古姿"手袋、"香奈尔"女装等时尚符号。张梅《蝴蝶和蜜蜂的舞会》以都市青年的物质消费来演绎消费主义的时尚。那些新潮的年轻女性身穿时髦的服饰,享用着各种耳熟能详的化妆名品:"我们用密斯佛陀的定妆粉,用金鱼牌粉条。"安妮宝贝《告别薇安》中男女主人公的爱情始终伴随着各种流行时尚:他们在网上谈情说爱;他们讨论香水的品牌与气味,喜欢听帕格尼尼和吃哈根达斯雪糕;他们喜欢的约会场所是西式酒吧和真锅咖啡馆。《上海宝贝》中也堆积着都市生活中的各种时尚元素。倪可的日常生活消费是非常奢华的,抽的是"七星牌香烟",用的是"CK"香水,穿的是"Chanel"牌服装,看的是《希区柯克故事集》。与这种新潮的消费时尚相联系的,还有主人公们富有表演性的生活方式。他们总是游走和逗留于酒吧、咖啡馆、迪斯科舞厅等富于现代气息的时尚空间,参加各种狂野的派对和暧昧的舞会。在这些小说中,那些消费文化的时尚符号,比如作者与其读者们所共享的帕格尼尼、哈根达斯、咖啡馆、西式酒吧以及各种国际品牌,连同为他们津津乐道的生活方式,一方面共同构造了一种具有文化意味的身份政治,成为那些讲究情调和品位的市民群体之间互相认同的依据,另一方面也是现代都市里新潮的消

---

① 洪治纲:《无边的迁徙》,山东文艺出版社2004年版,第71页。
② 洪治纲:《无边的迁徙》,山东文艺出版社2004年版,第72页。

费时尚和大众的欲望目标。作家们以惊人的敏感紧紧追踪着都市的时尚风标,捕捉和表达着都市的流行时尚。

从时尚化的叙事动机出发,作家们总是追求素材的新鲜和表象的新异。但是,在文学也被当作消费对象的时代,时尚追新逐异的特性导致时尚化作品总是很快淹没于新一轮的流行中。这就迫使作家拼命地追逐时尚甚至去刻意制造时尚。他们常常将许多怪异的、背离正常社会伦理的、甚至是粗陋不堪的生活方式供奉为前卫性的、有品位的时尚符号。在文本中,时尚被他们改造成一种与常态生活相距甚远的奇观。例如石康《支离破碎》《一塌糊涂》里邂逅的情爱和纵欲狂欢,又如王祥夫《榴莲榴莲》中情与欲的自觉分离,甚至熔畅《当阳光变冷》中那种乱伦式的情感际遇等,都已被视为前卫性的时尚生活而成为他们津津乐道的对象。当然最具有代表性的还是以卫慧、棉棉为代表的"美女作家"群。她们极力彰显都市最自由、最离经叛道因此也最前卫、最酷的生活方式,以此作为最前沿的时尚。同时她们努力强化和突出时尚中的"另类情调",把她们所谓的时尚改造成一种引人注目的现代都市奇观,并将其作为叙事核心给以惊世骇俗的表达。她们的时尚写作恰如王纪人先生的精当评价:"以惊世骇俗的笔调写惊世骇俗的生活方式以惊世骇俗。"[1] 由此可以看出,这批作家实际上是借用"时尚"的名义,通过都市奇观的时尚化表达来制造故事的奇异性,以满足大众的猎奇心理。

对于时尚的追逐和制造以及对轰动性的阅读效果的追求,也深刻地影响了作家的写作技术。他们非常注重对于流行时尚的表达方式。从整体上来说,他们喜欢对时尚生活进行影像化的呈现,力求一种图画观览式的视觉化效果。基于这样的审美追求,他们通常选择富有表现力的语言和修辞来直观地呈现都市里的时尚奇观,赋予这种奇观以可视性的形象,其小说叙事通常具有很强的画面感。张欣《如戏》中时尚的装束是:"上身穿祖领的黑色莎美娜莱卡紧身衣,下面配了一条红色前侧高开衩的筒裙,行走间美丽的大腿时隐时现。"在这里张欣运用鲜明的色彩对比活色生香地点化出了时装的华美靓丽。潘向黎《寂寞如彩虹》则用诗一般的优美笔调去描述咖啡座的情调:"很宽敞,临着窗,可以看到街景。一坐下,若有若无的钢琴声和琥珀色的灯光洒满了全身。"

---

[1] 王纪人:《个人化、私人化、时尚化——简论90年代的文学写作》,载于《文艺理论研究》2001年第2期,第2~6页。

安妮宝贝《伤寒天空》采用场景切换式的手法呈现洋溢着迷乱和颓废气息的酒吧场景:"吧台边挤满跳舞的人群。充满迷幻的电子乐。黑暗中的汗水和欲望。洋人浓烈的香水味道。颓靡的白色长枝花朵。琥珀色的酒精。古怪的镜子里有苍白的容颜。长发的女子,柔软的腰肢。"卫慧在《爱情幻觉》里采用充满动感的叙述和修辞来描述溜冰的情景:"灯光不太亮,音乐是蹩脚的街头黑人 RAP 乐,左脚和右脚绑在装有四个轮子的胶皮鞋里,像孤独的木偶一样绕着场地滑行,一种假想的黑夜飞行……他们卖弄似的玩出令人眼花缭乱的花样,把染红的头发变得像一朵巨大的蒲公英……"。安妮宝贝和卫慧都出色地创造了一种富有运动节奏的叙述方式。这种叙述给人以强烈的视觉冲击和感官兴奋,制造出了一种舞台化、戏剧化的效果,时尚生活场景就在这样的叙述中清晰地浮现出来。总之,影像化的描述方式、富有装饰性和形象感的叙述语言,都相当成功地实现了对都市时尚的形象化凸显,"这些描写越来越像 MTV 或流行音乐的描述,它们与消费社会的主导象征符号——城市广告,共同构建着当下的视觉符号体系。"[①] 或者可以说,这些时尚文本连同其表述的奇情异景以及与时尚相匹配的叙述方式,一起构成了欲望都市中的时尚奇观,供现实世界中的读者赏玩。

他们对时尚话语的另一表达策略是对时尚进行精美的包装和粉饰,使之看上去很有文化品位和格调。例如,《上海宝贝》《愈夜愈美丽》《糖》都是从相对边缘的都市亚文化中抽取前卫性因素,并在"个性"的名义掩护下将它们包装和改造成新颖奇异但又不过分刺目的形式,其中着意凸显的物质上的富足、文化上的优越又把另类的生活从"异端"的语境中剥离出来,使之具有了某种贵族化格调。当作家利用大众熟悉的流行套路进行"炫酷式"的书写时,异端的生活也就具有了时髦的意味而成为新的流行时尚。安妮宝贝的《八月未央》和《彼岸花》,都刻意用精细的物质享受来包装城市"小资"群体的生活方式,同时用华美而流丽的抒情笔调来涂饰其精美的情调和优雅的品位。熔畅的《当阳光变冷》则给年龄悬殊的不伦之恋披上了爱情的浪漫外衣,以掩盖其中刺目的不道德成分。经过这样一番精心的包装和修饰,时尚俨然成了一种新的富有现代气息的生存理想和生活理念,极易引发读者的观赏和

[①] 陈晓明:《表意的焦虑——历史祛魅与当代文学变革》,中央编译出版社 2002 年版,第 457 页。

模仿欲望。

不可否认的是，对时尚的追逐和制造使得他们的写作带有更多的制作成分。他们总是习惯于抽取都市生活中的流行元素，用各种手法对它们进行拼贴、组合，镶嵌在流行的故事套路中，不断地制造新的阅读兴奋点。一个时尚文本就这样新鲜出炉了。在文学创作退化为一种功利性极强的时尚制作时，文学的思想性和创造性也就消失了。

从根本上说，在这种叙事策略中，作家并没有对都市的时尚生活进行深入的挖掘，以揭示时尚背后的精神实质。对于他们来说，相对于其迎合阅读市场的写作目的，追求写作素材的新奇和书写表象的奇异远远比追求作品的精神深度重要得多。他们把都市生活彻底溶解在时尚的容器中，并依据文化消费市场的流行趣味将之编码成一系列缺乏丰富内涵的时尚符号。因此，在时尚化的作品中，我们所能收获的只能是一堆所谓的时尚文化的标志性元素，所感受到的只是作家对这种时尚生活的迷恋和精致临摹，从中很难看到富有精神深度的内涵。这就注定了时尚化写作具有鲜明的时效特征，只能更多地强调审美表达的即时性。这样的美学追求必然会催生出一些快餐式的作品。这是一些作家盲目追求时尚化所付出的必然代价。

6.2.2 大众乌托邦的诗意建构

所谓大众乌托邦，是一种生发于大众日常生活需要的世俗乌托邦，代表着大众的生活梦想和精神需求，并"成为世俗生活的意义所在"。[①]因此，大众乌托邦的文本建构就成为赢得大众青睐的有效叙事策略。这一叙事策略的具体表现是，小说直接介入到现代都市的世俗生活之中，成功地运用叙事修辞的力量在文本中不断地描画大众心向神往的乌托邦图景，为大众制造一个个关于美好生活的梦想和慰藉。它们虽不具有深度，却拥有迷人的感性魅力；虽然具有话语虚构的性质，但又真实地表达了大众在日常生活中的人生寄寓，从而使大众获得了一种感性的审美满足。大众乌托邦的建构策略在具体的文学创作实践中，至少表现出其自身特有的两种审美功能。

---

① 陈刚:《大众文化与当代乌托邦》，作家出版社1996年版，第54页。

第一，财富神话的精心打造与大众白日梦的满足。

20世纪末市民小说中的乌托邦建构首先表现为对富裕阶层生活图景的精心刻画。众所周知，随着国家提出的"先富"理论在社会生活中的实践，富裕阶层作为一个新兴阶层在中国的都市中闪亮出场。他们那种崭新而体面的生活方式提供了具有中国特色的现代化生活样板。在全民向往现代化的时代语境中，这种生活极其自然地成为大众普遍性的光荣和梦想以及"整个中国日常生活想象的中心"。① 在此背景下，很多市民小说都精心打造财富神话，以吸引大众的眼光，满足平民百姓的白日梦。关于富裕阶层神话的书写成为这些市民小说畅销的支撑点之一。

富裕阶层的生活方式是建构财富神话的核心。20世纪末的市民小说用一种细腻的笔致、不无欣赏的叙述态度尽情渲染和描述富裕阶层的生活图景。池莉在《来来往往》中以对康伟业为代表的成功人士的生活方式的直观描摹，满足了一般大众的文化想象。不过，最为擅长、最为喜欢书写富裕阶层生活方式的还属张欣。张欣总是喜欢以广州这个繁华的现代大都会为背景展开对财富神话的讲述。在她的《遍地罂粟》《亲情六处》《浮世缘》《此情不再》中，我们都可以清晰地看到一幅幅令人艳羡的富裕阶层生活图景。在这些小说中，那些富裕阶层男女们身着名牌服饰，潇洒自如地出入于五星级酒店、高级咖啡间和酒吧，以及各种只有富豪才有资格自由进出的俱乐部。打高尔夫球、保龄球、到国内名胜风景区乃至于国外旅游胜地休假是他们的休闲娱乐方式。这些小说尽可能地把富裕阶层的生活描画得潇洒、时尚和优越。这种生活方式对于大众无疑有着巨大的吸引力。

富裕阶层的日常生活总是与奢华、高贵紧密联系在一起。装潢豪华的私人别墅、衣香鬓影的夜总会、欧美情调的酒吧和咖啡厅等，富有人士频频出入的物质性生活空间也是财富神话的组成部分。20世纪末的市民小说对富裕阶层的生活空间进行了视觉化的书写，着力渲染和突出其豪华和高雅。潘向黎《十年杯》中成功人士结婚的殿堂华美、高雅，洋溢着异域风情："欧洲古典风格的喷泉和园艺，花园里四季开着娇艳的玫瑰，雕花扶手的盘旋楼梯、宽敞的大理石铺就的大厅，配上田园风

---

① 石现超：《新意识形态与中国想象的转型——论"中产阶级写作"的文化品格》，载于《理论与创作》2004年第4期，第45～48页。

格的家具，欧洲风格的插花和摆设，还有全套进口光洁如玉的洁具，使这儿像个梦境一样舒适。"张欣在《亲情六处》对成功人士的豪宅和俱乐部的描绘也是一个典型的例子。罗丝小姐的别墅具有中世纪城堡的古典格调，"弧圆的楼身，狭长的百叶窗，四周爬满了绿色的藤叶"，花园内遍植玫瑰、棕榈和香蕉树。水池中漂浮着白睡莲和丝兰，大厅里"一套厚重的花梨木意大利式家具，窗帘及地，也是凝重的图案，高贵的酒红"。而新贵们的俱乐部也是一派富丽堂皇气象和高雅情调："俱乐部大厅里巨型的水晶吊灯把灯光过滤成莹黄，使脸色最差的女孩也仿佛饰了金粉，音乐声浅浅地低回，没有合成器演奏的那份紧张，倒令人想到一双老年男人温暖干燥的手指舒缓地打在钢琴键上——那音乐绝对是手奏的，所以才会散发出夏夜里的温馨。"李肇正的《亭子间里的小姐》则从一个没见过世面的小家碧玉的视角来描写富裕阶层的家居："水晶吊灯闪闪烁烁得放射出光芒，蜡黄的柚木像湖面一样散开涟漪，硕大的背投电视豪放地蹲踞着，流线型的造型简洁的沙发显示出别样的高贵，玻璃茶几有着飘飘欲飞的神韵，粉色的绒面墙壁温柔得令人窒息。"此外，在张者《资本爱情现在时》、孙建敏《金色天堂》等小说中都可以看到对富裕阶层生活空间的感官化、视觉化描写。在这种感性化的叙述中，富裕阶层的生活空间成为一个如诗如画的"金色天堂"，一种富裕阶层生活方式的象征。

在市民小说对中产阶层生活图景的唯美主义书写中，富裕阶层的生活成为一个光芒四射的世俗神话。实际上，这种财富神话在多重层次上满足了人们对神话的期望：对于富裕阶层来说，这是他们自我认同的标志；对于尚未达到这一层次的大众来说，这一世俗神话因为符合大众心理对未来生活的设计和预期、承载着大众的白日梦，而成为众神消隐后新的乌托邦，"它对大众是一种吸引和召唤"[①]。在市民小说编织的富裕阶层梦幻图景中，广大市民的白日梦得到了一种想象性的满足。也正是在这个意义上，那些叙述财富神话的市民小说赢得了广泛的读者。

第二，情感乌托邦的诗意营建与大众情感抚慰。

财富神话是一种物质乌托邦，它满足的是大众对丰裕物质生活的渴望。除了物质渴望之外，大众还有情感需求，渴望从文学中得到情感的

---

① 陈刚：《大众文化与当代乌托邦》，作家出版社1996年版，第71页。

抚慰和替代性的满足。在人际关系日益以现实利益为转移、人际情感不再纯粹的商品时代，大众的情感抚慰显得尤为迫切。20世纪末的市民小说顺应大众的情感需求，书写了种种温暖、纯真的情感故事来对大众进行情感安抚和心灵慰藉。

情感乌托邦首先表现为对人间温情的审美表达。很多市民小说自觉地运用各种叙事方式尽情地渲染日常生活中的人际温情，给大众以"人间自有真情在"的允诺，让大众不可抗拒地陷入温情脉脉的梦境中，并从中获得一份暖融融的抚慰。张欣就曾经非常坦然地陈述她对情感乌托邦的刻意营造。她说："我在写作中总难舍最后一点点温馨，最后一点点浪漫，我明知有不少人对此不以为然，却恕难从命了。我当然懂得时事的冷酷、炎凉，懂得做人的悲苦，但任何一个自以为铁石心肠的人，都或多或少的库存着一份情感，两行热泪，这也是《廊桥遗梦》得以流行的原因。生活中没有的东西而在文学作品里有，也算是一个活下去的理由吧。"①

20世纪末市民小说制造人间温情的方式之一是在作品中塑造一个个无私奉献的人物形象。这些人物都具有高尚无私的品德，从来不知道索取，总是无怨无悔地付出着、奉献着。这些人物形象都是温情的化身，他们在作品中的存在能够满足大众对温情的渴望。衣向东《女出租车司机》中的于静心地非常善良，即便对于曾经试图劫持她的人也以宽厚的胸怀去关心和帮助。王朔《刘慧芳》以"好人受难"的煽情模式塑造了一个温柔贤惠的传统女性形象刘慧芳，满足了市民大众对伦理温情的渴求和对传统道德的缅怀之情。铁凝《永远有多远》里的白大省，善良仁义，永远付出，从不索取，即使对待那些应该报答她却总是伤害她的人，她也从未产生过怨恨之心。她给别人的永远是温暖。张欣《免开尊口》中的林弟弟尽心尽力照顾恋人的残疾女儿，从来没有一句怨言。《星星派对》中的景苏无怨无悔地爱着早已为人夫的高翔。

20世纪末市民小说呈现人间温情的另一种方式是用温馨的笔致反复渲染人与人之间那种相互慰藉和扶助的真情。潘向黎的《倾听夜色》让两个陌生人因为一个打错的电话而开始了友谊之旅。他们通过电话互相倾诉各自的生活苦恼和人生伤痛，并互相劝慰。朱日亮《水捞面》

---

① 张欣：《〈岁月无敌〉跋：深陷红尘，重拾浪漫》，载于《当代作家》1995年第4期，第72页。

里胡先生用他的温情激活了卖水捞面的下岗女工吴丽安的生活愿望,吴丽安也以本分的女性情怀表达了对胡先生的感激和关心。张欣非常善于描写女性之间的姐妹情谊,她的文本总是刻意塑造两个个性不同、处境迥异,但又互相帮助、互相抚慰的女性形象。无论是《首席》中的欧阳飘雪与吴梦烟、《永远的徘徊》中的林子与忆禅,还是《爱又如何》中的可馨与爱宛,都属于这种温情表达模式中的形象序列。在《首席》中,飘雪和梦烟在生意场上既相互竞争,又总是在对方急难之刻给予真诚的援助。《爱又如何》中的可馨,把爱宛当作自己的精神依靠,每逢碰到困难总是向爱宛倾诉和求助。作家们渲染人际情谊的目的,是要在充满实用与功利色彩的大都市里虚构一份可以永远信赖、相濡以沫的温情,让大众在物化的都市现实中获得情感上的抚慰。

其次,情感乌托邦的构造还表现为对爱情童话的诗性演绎。世俗生活中的爱情往往负载着比较多的现实性因素,其质地往往不是那么纯真,也没有多少浪漫情调,如张爱玲所说:"在这世上,没有一样感情不是千疮百孔的。"但是,人们在现实生活中遭遇的情感挫折越多,内心就越向往纯净美好的爱情童话。20 世纪末的一些市民小说着意弥补人们在现实生活中的情感缺憾,以诗情和浪漫为材料构筑起一个个流光溢彩的爱情童话,为大众提供了一个个充满诗情画意的幻想空间。它们把爱情从严肃的人文命题中解放出来,不把爱情作为思考和表达严肃命题的中介,只是表达纯情男女之间经久不变的爱的主题。潘向黎《十年杯》具有琼瑶式的纯情,男女主人公虽然天各一方,十年未通音信,但一直都在等待对方。叙事中流溢着不绝如缕的柔情蜜意。李修文《捆绑上天堂》中,男女主人公之间纯洁、忘我的爱情深深地打动着都市人的心。

与纯情主题相适应,这些小说在书写爱情童话时尽力把爱情从沉重、庸碌的世俗性生活中剥离出来,刻意凸显爱情中的纯美和浪漫情愫,展现爱情轻灵、流丽的一面。潘向黎《无雪之冬》和《牵挂玉米》都是如此。

最后,这类专门编织爱情童话的市民小说往往用"好梦成真"的团圆结局为故事画上一个圆满的句号。这种纯美的爱情故事具有浓厚的理想化、诗意化色彩,与我们所熟悉的日常情感有相当的距离。但是,它能够满足大众尤其是能够满足白领阶层对纯情和浪漫的渴望和向往。

陈晓明先生曾经给消费文化归纳了五个特征，其中包括：一是必须提供快感。虽然快感与美感有别，但20世纪80年代后期，就不再把快感和美感断然划分开了，而且也不再去压制快感了……三是它是短暂的，流行的，消费的兴奋点不断变化，人们追求的是瞬间的辉煌。[①] 事实上，通过上述分析，我们可以看出，20世纪末市民小说正是体现了创作主体全面介入这种消费文化的艺术动机，其叙事策略的每一种新动向，都折射了作家们对读者阅读心理的高度迎合。

6.3　伸张感性品格的叙事语言

作家采用何种语言进行叙事，在很大程度上取决于三方面的要素：一是叙事表达的实际需要，小说的书写内容是叙事语言的决定性因素。二是作家本人的知识素养和审美情趣。三是读者的阅读口味。

长期以来，通俗化一直是市民小说叙事语言最突出、最主要的特征，即便一些作家对通俗化语言进行了文人化的提升、修饰和改造，同时运用了种种语言修辞，但在整体上，小说的叙事语言仍然是雅俗共赏、流利通畅的。在20世纪末，由于市民生活形态的多样化、语言更新速度的加快和读者群的迅速分化，市民小说的叙事语言在延续原有通俗化传统的同时也产生了新的变化，并逐渐分化成三大类型：第一类承接了市民小说一贯的通俗化传统，广泛采用日常生活中的口语和方言俚语，深得日常生活语言的精妙。第二类在通俗化的道路上越走越远，逐渐滑向了鄙俗。第三类则在保持可读性的前提下追求语言的精致、柔美以及修辞的新颖别致，具有鲜明的唯美主义倾向。这三种风格的叙事语言具有共同的审美特征，就是普遍具有饱满的感性质地，在追求语言的表现力的同时，力求语言能够带给读者以感官的愉悦或刺激。

6.3.1　传达通俗神韵的口语书写

所谓语言的通俗化，就是要求语言平易流畅，能够实现与大众沟通

---

① 陈晓明：《消费文化的特征》，载于《中国文化报》1994年1月19日。

的目的。

在 20 世纪末市民小说中，通俗化首先表现为叙事语言的口语化、俚俗化。很多描写城市平民生活的市民小说往往运用人们熟知习见的日常生活语言来叙述故事，表情达意，极力追求语言的通俗浅易、朴实流畅。这一方面是出于内容表达的实际需要。每一类叙事内容都需要一种语言把它恰如其分地表达出来，而最能够贴切传神地描摹市民大众日常生活情状的就是市民大众的日常口语。鲜活生动的日常口语为市民小说所描绘的世俗生活提供了最佳表达载体。另一方面，也是为了实现与一般大众沟通的目的，满足他们的阅读要求。一般市民喜闻乐见的小说语言是意义单纯、通俗易懂的语言。这样的语言让他们感到熟稔和亲切，有助于他们很好地理解小说的内容。相反，那些以语言的陌生化和精致化著称的小说，则因为脱离了一般市民的日常经验和阅读习惯而遭到他们的抵制和拒绝。比较典型的例子是 20 世纪 80 年代中后期的先锋小说。先锋作家们滥用象征、隐喻等修辞手段，在文本中进行着炫技式的修辞实验。空前丰盛的修辞话语导致了语言的意义不断增殖、语言的能指与所指之间的关联断裂，这不可避免地增加了阅读的障碍。这样的小说理所当然地遭到了一般市民读者的抛弃。

很多市民小说的叙事语言几乎全盘挪用原生态的日常生活口语。市民阶层的日常口语包括方言俚语和俗谚习语。这些语言是反诗化、反思辨、反修辞的。它俚俗、率直、泼辣，迥异于文雅、精致、富于装饰性的书面语言，但是却洋溢着如火如荼的生活气息，在表述日常生活时具有书面语言所不可比拟的准确、生动和贴切。同时，这样的语言消除了小说文本与广大市民读者之间的距离，容易获得他们的认同。

就叙述语言来说，很多市民小说的叙述语言都是朴素平白的日常口语。日常口语不负载任何形而上的言说意味，它们保持着最纯粹的单义状态，反象征，反隐喻。我们可以在 20 世纪末的市民小说文本中随意选取几段进行分析。

这一家人的事，并不瞒余教导，因为是老邻居，瞒也没有意思。余教导看在眼里，心想，也难怪李凤霞要逃出去，这样的家庭实在是烦不过，他也就不再为李凤霞到老年还出门做事而心中不安了。

以后，余教导也不再去江家麒那儿打听李凤霞的事，他相信李凤霞到乡下总比在家里要散心一些。

——范小青《晚唱》

他正在水斗里洗菜，两只手每从盆里捞起一把菜，都一甩一甩的很用劲，杀鸡用了牛刀的力气。

——徐惠照《折桂》

看到老婆气结，一头大象眼看又要窜到饭厅里来了，耿锵立即噤声，息事宁人地把汤喝得响响的，欢欢的。

——黄咏梅《多宝路的风》

"瞒""没有意思""烦不过""散心""一甩一甩的""气结""响响的""欢欢的"等语词一律是日常口语或者地方土语，其能指与所指之间是一种简单明了、不容置疑的对应关系。所有的语词都不具有复杂的修辞性，整段话既不象征什么，也不暗示什么，就是在书写一种日常化的个人感受，或者描述一个大家司空见惯的居家生活场景。在这里，最纯粹的语言状态与最纯粹的生活状态达成了一致。就阅读效果来说，小说对直白浅显的日常口语的全面挪用，大大增强了文本的可读性，让广大市民读者在阅读过程中感到轻松和亲切。

这种口语化叙述语言的又一特点是流畅。不少市民小说的叙述采取了流水式的叙述方式，即从某一个起点出发，小说的叙述语言就沿着时间链条或某种事理逻辑汩汩向前流淌。语言的流动状态与日常生活的形态保持一致，极其自然和顺畅，没有任何阻滞和停顿。下面两段就是很好的例子：

亚平和小玲结婚以后，就很少回来了，不过陈先生也不会孤独，亚文、亚琦和他住在一起，孙子和外孙十分活泼热闹，也很烦人。

陈先生现在和亚文一家吃在一起，也说不出有什么不方便。

——范小青《伏针》

按说小林老婆在这方面还算开通，一开始来人不说什么，后来多了，成了常事，成了日常工作，人家就受不了，来了客人就脸色不好，也不去买菜,也不去下厨房。小林虽然怪老婆不给自己面子,但人家生气得也有道理,两人如倒个个儿,小林也会不高兴。于是除了责备妻子,也怪自己老家不争气,捎带自己让人看不起。

——刘震云《一地鸡毛》

除了一般性的叙述语言,一些市民小说语言的通俗化还表现在人物对话也是鲜活的俚言俗语。

嫂子说:"天有么事聊头?二百五!没听人说的么:十一亿人民八亿赌,还有一亿在跳舞,剩下的都是二百五。"

猫子说:"二百五就二百五。现在的人不怕戴帽子。"

嫂子膝下的小男孩爬竹床一下子摔跤了,哇地大哭。她丈夫远远叫道:"你这婊子养的聋了!伢跌了!"嫂子拧起小男孩,说:"你这个婊子养的么样搞的!"

猫子说:"个巴妈苕货,他是婊子养的你是么事?"

嫂子笑着拍了猫子一巴掌,说:"哪个骂人了不成?不过说了句口头语。个巴妈装得不是武汉人一样。"

——池莉《冷也好热也好活着就好》

"老子思想下流关你卵事?"曲刚火道,"一把鳖嘴,管起老子来了。老子堂客都不骂我,你听不得就把耳朵塞起来。"

——何顿《生活无罪》

上述小说中的人物语言,都具有鲜明的地域色彩,没有经过刻意的雕琢和润饰,信手拈来,完全是自然形态的方言和口语,具有非修饰性的世俗化品格。它既不像官方语言那样蕴涵着一种令人肃然起敬的肃穆与庄重意味,也不像书面语言那样让人体味到某种盎然的诗情与优雅情调。"二百五""婊子养的""个巴妈""有板眼""么事""卵事""鳖嘴""堂客"等全都是来自街头巷尾的方言土语,粗俗直率,却又生动鲜活,是原汁原味的市民生活语言。从表达效果来看,首先,这种粗言俗语非常符合人物的身份,他们都是文化素养不高的普通市民或者没有什么文化的街头地痞。其次,这样的语言虽然俚俗甚至粗野,颠覆掉了文学语言本身应有的诗性，却能够恰如其分地烘托、传达出日常生活那种世俗格调与随便状态，具有精致文雅的书面语言所不及的生动传神和贴切形象。广大市民读者在现实生活中对类似的话语并不陌生，这种叙事语言很容易引起他们的心理认同。

市民小说通俗化的叙事语言深得日常生活语言的精妙。在20世纪末的市民小说中，粗俗直率的方言俚语和日常口语焕发出鲜活生动的美学生命。市民小说对日常口语和方言俚语的青睐，就表达效果而言，使得生命个体的日常生存状态的生动呈现成为可能。就阅读效果来说，则使广大读者能够从文本中直接而贴近地体会到真实的日常生活气息。而就文化意味来说，富有地域色彩的俚言俗语的娴熟运用使得小说所表现的市民生活显现出了鲜明的地域风格和不同的世俗韵味。

6.3.2　沉迷于粗鄙格调的话语狂欢

当语言的通俗化追求发展到极端，就走向了鄙俗。在20世纪末的市民小说文本中，我们经常可以看到奔泻如流的粗鄙性话语。这种粗鄙话语的突出特征就是"否定了传统话语在内容上的道德意义与形式方面的审美要求"[①]。从读者的角度来说，这种粗鄙的语言狂欢为广大市民提供了宣泄内心积郁的途径。在现代城市社会，巨大的生存压力、快速的生活节奏以及种种文明秩序的束缚，使广大市民的心理经常处于压抑的状态。就广大市民的情绪释放需要来说，小说语言的文雅、优美等审美特质都不能给人提供强烈的快感刺激，而粗鄙狂放的语言则是摆脱压抑、痛快淋漓地宣泄内心积郁的一种有效方式。而从作家的角度来说，他们之所以在文本中铺陈鄙俗话语，有时是出于行文表达的需要，有时是为了确立一种个人化的语言系统和语言风格，以消解精英话语的语言体系。

20世纪末市民小说中的粗鄙化语言狂欢有三种表现形态：

一是日常争吵中的语言风暴。这是市民小说中最显而易见的一种粗鄙话语。人们在日常生活的争吵中基本上处于丧失理智的半疯癫状态，

---

① 郑亚捷：《论池莉市民小说的大众文化特性》，新疆大学硕士学位论文，2003年，第32页。

他们往往选择最具有侮辱性和杀伤力的言辞去攻击对方。因此,那些描写原生态的日常争吵的小说中的人物语言极为粗暴和鄙俗,完全没有文学语言应有的审美品格。

在市民小说对争吵场景的书写中,我们经常可以看到这种凌厉、暴躁的语言飚风:

老婆越说越气,哼,老婆说,不看小姐出嫁,要看老太收场,看他们黑良心有什么好结果。你呀,老婆说,你这个扶不上的刘阿斗,你这个拎不清的阿木林,你这个憨进不憨出的寿头码子。我嫁了陈皮你这样的人,也算我前世没修好。

——范小青《绢扇》

"直到刚才我还给你留面子,你不仅不认错,还这么地不知好歹。你有狐臭,手术了两次还有,你一口烂牙,臭不可闻,只好不停地嚼口香糖。你包皮过长,里面藏污纳垢,令人厌恶。你偷偷地拿着电影明星的画报手淫。你陷害过你们局长。你做两本账,偷税漏税,用公款吃喝玩乐,你下贱到和一个小保姆胡搞。"

——池莉《小姐你早》

你他妈的看错人了!你以为我好欺负?我凭什么白白地让你蹬了?我凭什么白白地让你舒服?

——苏童《离婚指南》

类似的例子还有很多。这些缺乏节制的激烈言辞粗俗、尖刻甚至恶毒,但也不能否认,它非常传神地呈现了夫妻吵架的生活场景和人物的暴怒心理。同时,就阅读效果来说,它的粗鄙风格,连同它那种飞流直下、汪洋恣肆的瀑布式语流,都会让读者在阅读过程中切实体会到一种酣畅痛快的发泄快感。

二是带有戏谑意味的语言反讽。在20世纪90年代前后最能代表这一语言风格的作家是王朔,至今没有人能够望其项背。王朔的调侃、戏谑是通过反讽这一言语修辞实现的。布鲁克斯在他的《反讽——一种结构原则里》有一个对于"反讽"的著名定义:"语境对于一个陈述句的明显的歪曲，我们称之为反讽。"① 即是说，当作家有意把某些特定场合中使用的词语，挪移到另一种显然不相称的语境中时，由于语言与语境的背离即产生了反讽。王朔毫无顾忌把政治术语、"文革"语言、纯文学语言、军事用语与方言土语相嫁接，并应用于日常化的生活语境中。这种张冠李戴式的挪用、移植既导致话语在新的语境压力下与原意悖逆，也消解了那些政治语汇和纯文学语言原来的神圣意义。例如，《一点正经没有》中"为工农兵玩文学"；《千万别把我当人》中"中国人死都不怕，还怕活着么？"；《给我顶住》里，方言完全用军事术语向关山平传授追女人的经验："敌进你退，敌退你进，敌驻你扰，敌疲你打。""你还得机智灵活，英勇顽强，屡战屡败，屡败屡战。先胖不算胖后胖压塌炕笑到最后才算是笑得最好看。"在这种天马行空般的胡侃神聊中，雅与俗、庄与谐在相互冲突、相互干扰却又共存并置中变得模糊难辨，各种语言之间的等级差别消弭了，庄重严肃的政治辞令、军事用语立刻显现出了与语境不协调的滑稽感，其原有的神圣和崇高色彩也在"一点正经没有"的调侃中被涤荡殆尽。对于王朔小说语言的阅读效果，有学者指出："王朔小说中连珠炮一样的反讽语言给读者带来酣畅淋漓的快感，那种模棱两可的调侃还疏泄了读者心中积藏的对现实的怨恨和愤懑。"②

在20世纪末，类似的语言反讽仍然活跃在很多市民小说文本中。武歆《密码》中有这样两段对话："闵楠说，你脱离群众，独坐小楼成一统。老孙说，我就是群众，群众就是我。""闵楠说，老孙呀，我把你搞成残废了。老孙扶了一下黑框眼镜，一本正经地说，身残志更坚了。"阿益《新移民阿益的上海生活》也存在着对政治话语的戏用："大家都很年轻，做事情干脆利落，互相之间又喜欢开玩笑，让阿益有宾至如归的感觉，想：果然是八九点钟的太阳。"在说到同事都来自不同的地域时，说"我们来自五湖四海，为了共同的目标走到一起来了。"不过，相较于王朔的话语风格，这种反讽更具有日常气息，不仅丧失了王朔小说那种锐利的反讽锋芒和嬉笑怒骂的调侃风格，而且也没有像王朔小说那样上升为一种整体性的话语方式。

把反讽的鄙俗风格发挥到极限的是另外一些青年作家。他们喜欢以

---

① 赵毅衡：《"新批评"文集》，中国社会科学出版社1988年版，第335页。
② 黄发有：《90年代小说的反讽修辞》，载于《文艺评论》2000年第6期，第40~49页。

第6章 叙事追求：可读性文本的倾力打造

粗鄙化的语言来直接描述、评论具有神圣或者庄严性质的对象，从而达到对描写对象的调侃和戏谑。这是另一种别具一格的反讽修辞。

北京作家石康的小说被众多网上评论者认为从人物形象到语言风格都与王朔的作品一脉相承。就语言来说，石康虽然延续了王朔的调侃，但是他仍然有自己独特的话语风格。石康的小说中基本看不到任何政治辞令，他喜欢在小说中铺陈赤裸裸的粗话，用这种粗鄙不堪的话语来调侃严肃或庄重的对象：

> 除了居里夫人之外，还没有什么人在生活中不受性压抑的困扰……著名男性一生的荣耀除了赢得战争、财产和尊敬以外，竟然还将以赢得多少阴道来作诶奋斗目标。至于那些没有名的男性，暗地里也没少为自己的阴茎而四处奔波，其中的呼号转徙虽不太为外人知晓，但他们惨不忍睹的身影是可以想见的，多少宝贵时间就这样白白浪费掉了。怪不得那些诸如探索人生意义、宇宙奥秘之类的正经事儿没人干哪！
>
> ——《支离破碎》

尖刻俏皮的粗话既带来了痛快淋漓的语言快感，也在调侃戏谑之中消解掉了描述对象通常意义上的神圣感和庄重气息。

"语言学范畴之内，特定的历史时期亦即一种语境，如果将这一历史时期的流行用语移植入另一个语境，反讽即可诞生。"[①] 这也是石康得心应手的调侃手段和修辞方式，比如他曾经用当下的都市流行语来描述历史上的文化名人：

> 莫泊桑是一位十九世纪的法国作家，年轻时是个帅哥。成名后身边大蜜如云，但他有点像多年后的"垮掉的一代"，除了操小姐，还爱嗑药，什么药都嗑。他身边有一个小蜜专门为他提供各种迷幻药，常常吃得他头重脚轻，飞得一塌糊涂的事也经常发生。
>
> ——《支离破碎》

石康用痞腔痞调的都市流行话语洗刷掉了文学大师莫泊桑身上的神

[①] 南帆：《反讽：结构与语境——王蒙、王朔的反讽修辞》，载于《小说评论》1995年第5期，第77~86页。

圣油彩。在这样的话语游戏中，作家似乎体会到一种亵渎神圣的快感。

在车上，我们听罗大佑的歌"穿过你的黑发的我的手"，这首歌是如此色情，以至于我几乎想到使用海誓山盟这种不要脸的手法赢得姑娘的欢心。

——《支离破碎》

在这个例子里，石康置换了一些词语的语义和感情色彩，诸如"纯情""纯洁""海誓山盟"等褒扬性语汇和"色情""不要脸"等否定性语汇都发生了颠倒性的意义偏转。

无独有偶，朱文也喜欢通过亵渎式的粗话狂欢来获得颠覆的快感。在下面这个例子中，朱文甚至不惜以肆虐的粗话撒欢来自贬：

我不知道，我为什么流泪。但我清楚，我的泪水是廉价的，我的情感是廉价的。

因为我就是这样一个廉价的人，在火热的大甩卖的年代里，属于那种清仓处理的货色，被胡乱搁在货架的一角，谁向我扔两个硬币，我就写一本书给你看看。

——《我爱美元》

从整体上考察，石康、朱文一类年轻作家彻底拆除了日常粗话和文学语言的界限。他们不屑于操持通常意义上的文学语言来写作，唾弃文学语言的美感和诗性品质，粗鄙不堪的日常俗语已经成为其小说语言的基本形态。他们不遗余力地爆炒粗话的发泄快感、张扬粗话的亵渎力量，试图通过这样的话语方式和修辞策略来解构他们反对的价值秩序。从积极的角度看，这种粗鄙的叙事语言具有泼辣的活力和生动的表现力，冲击了板滞、僵固、单一的书面语言，为读者提供了宣泄快感。但是，它也消解了文学语言应有的深度和诗意，而隐藏在粗话背后的反讽也对正面的价值规范构成了破坏。在这些作家文本中，粗话的泛滥正在演变成为一种新的话语暴力。或许，我们可以称他们的小说语言为"纸张上的粗口秀"。

三是意蕴暧昧的语言游戏。在文化娱乐化、消费化的时代，以各种各样的荤段子为主体的语言游戏应运而生。这种语言游戏具有隐晦的欲望化色彩,它借助于一定的语境诱发人们的联想,让人们通过联想领会到语言中所包含的与"性"有关的暧昧意蕴,从中"获取生理刺激及生理刺激引起的身体快感"[1]。在20世纪末的市民小说中就不乏这种粗鄙化的语言游戏。张弛的《北京病人》中有这样一个情节:老弛的老婆多年不孕,于是,一年春节,老弛自拟了一副对联贴在门上。上联是"不入虎穴不得虎子",下联是"入虎穴亦不得虎子",横批是"骑虎难下"。从语法角度来看,这些语言游戏完全符合语法规则。但是,就语义来说,它们在小说的叙述语境中显然都颠覆掉了原来的语义,发生了语义的转换与增殖。这种增生的语义,或者说语言游戏的潜在意义,都曲径通幽地指向"性"。表层语义遮盖下的"性"话语才是语言游戏的真实意义所在,这也是它取悦大众的法门。根据约翰·费斯克的理论,这种指涉"性"的语言游戏其实是一种"双关语",它要求人们联系具体的语言情境进行"'生产者式'阅读",[2] 在浮想联翩中才能蓦然领悟它的潜在意义,由此体会到那种秘而不宣的阅读快感。尽管这种语言游戏从表层语义看来无伤大雅,但因其旨在通过潜在的话语意蕴给人们提供纯粹生理性的快感刺激,所以其话语格调仍然是粗俗鄙陋的。

6.3.3 倾情于唯美意趣的诗性表达

在20世纪末,那些以白领生活风情为描写对象的小说,其叙事语言是雅致的、柔媚的、诗意的,散发着浓厚的唯美主义气息。这种诗化语言与它所描述的对象具有质的同一性,也符合以职业白领为主体的新一代读者的审美口味和欣赏能力。

擅长此类叙事语言的作家们大都具有精微敏锐的语言感知和领悟能力以及良好的审美素养。我们仅仅从其小说标题和人物名字就可以管中窥豹,看出他们所追求的语言风格。《长恨歌》《富萍》《倾听夜色》《无梦相随》《红颜》《遍地罂粟》《岁月无敌》《八月未央》等小说的

---

[1] 郑亚捷:《论池莉市民小说的大众文化特性》,新疆大学硕士学位论文,2003年,第32页。

[2] 约翰·费斯克:《理解大众文化》,王晓玉、宋伟杰译,中央编译出版社2001年版,第132页。

题目别致优雅，本身就蕴涵着盎然的诗意。小说中王琦瑶、胡迪菁、素荷、千姿、温亚微、薇安这类人物名字或古典或时尚，都优美动听，柔媚可人。

较之于题目、人物名字这样的细节，叙事语言最能充分体现小说的整体语言风格。追求语言美感的作家喜欢在叙事中使用文雅、优美的辞藻。当然，这些辞藻绝对不是生僻艰涩的，他们对这些辞藻的使用也绝对不是繁复的堆积和盲目的罗列，而是根据表达需要予以使用。优雅而精美、简约而流畅是其基本风格。

王安忆的小说语言最为富丽精工、精雕细刻，把语言摹物表情的表现力与感性魅力发挥到了极致，呈现出一种华丽、典雅、带着浓厚抒情意味的诗意美感：

上海的弄堂里，每个门洞里，都有王琦瑶在读书，在绣花，在同小姊妹窃窃私语，在和父母怄气掉泪。上海的弄堂总有一股小儿女的情态，这情态的名字叫王琦瑶。这情态是有一些优美的，它不那么高不可攀，而是平易近人，可亲可爱的。它比较谦虚，比较温暖，虽有些造作，也是努力讨好的用心，可以接受的。……弄堂墙上的绰绰月影，写的是王琦瑶的名字；夹竹桃的粉红落花，写的是王琦瑶的名字；纱窗帘后头的婆娑灯光，写的是王琦瑶的名字；那时不时窜出一声的苏州腔的柔糯的沪语，念的也是王琦瑶的名字。叫买桂花粥的梆子敲起来了，好像是给王琦瑶的夜晚数更。三层阁里吃包饭的文艺青年，在写献给王琦瑶的新诗。露水打湿了梧桐树，是王琦瑶的泪痕。……上海弄堂有了王琦瑶的缘故，才有了情味，这情味有点像是从日常生计的间隙迸出的，墙缝里的开黄花的草似的，是稍不留意遗漏下来的，无心插柳的意思。这情味却好像会浸染和化解，像那种苔藓类的植物，沿了墙壁蔓延滋长，风餐露饮，也是个满眼绿，又是星火燎原的意思。

邬桥的岁月，是点点滴滴，仔仔细细度着的，不偷懒，不浪费，也不贪求，挣一点花一点，再攒一点留给后人。邬桥的炊烟是这柴米生涯的明证，这是种瓜得瓜，种豆得豆的良辰美景，是人生中的大善之景。邬桥的破晓鸡啼也是柴米生涯的明证，由一只公鸡起首，然后同声合唱，春华秋实的一天又开始了。这都是带有永恒意味的明证，任凭流水三千，世道变化，它自岿然不动，几乎是人和岁月的真理。

潘向黎小说的语言清新、流丽、优雅，即便是描写最日常、最具有世俗气息的事物——家常煲汤，文字也是精雅细腻、纯美脱俗的，字里行间洋溢着美丽的诗情：

清清的汤色，不见油花，绿的是青菜，白的是豆腐，还有三五粒红的枸杞，除了这些再也不见其他东西。但是味道真好。说素净，又很醇厚；说厚，又完全清淡；说淡，又透着清甜；而且完全没有一点味精、鸡精的修饰，清水芙蓉般的天然。

……

第一口汤进口，微烫之后，清、香、甘、滑，依次在舌上绽放，青菜残存的筋脉对牙齿一点温柔的、让人愉快的抵抗，豆腐的细嫩滑爽对口腔的爱抚，以及汤顺着食道下去，一路潺潺，一直熨帖到胃里的舒坦。

以写网络小说而声名鹊起的邢育森，作为一名时尚写手，更是注意叙事语言的精心选择和修饰。他喜欢使用那些文雅的、富有表现力、飘溢着某种诗化情愫的书面语言，坚决摒弃世俗化的口语。我们可以从他的《浪漫的人是不该相遇的》选择两段：

我喜欢看她脖子上面柔软纤细的长发在风里飘扬，我喜欢看她柔和流畅的身形是怎样的匀称优美，我喜欢看她露在裙子和袜子之间的那段洁白光滑的小腿，我喜欢看着她神采飞扬地在车流之中穿行，昂首停胸地目不斜视。

没有了网络，原来我会更加的沉寂木讷，原来我会更加的憔悴黯然，原来我会更加的恍惚迷失，原来我一样地找不到自己。

张欣一直以描写白领丽人的生活著称，其小说的叙事语言也追求雅致和文采。在《岁月无敌》中我们就可以领略张欣小说语言的魅力：

她唱怀旧歌曲，大都没有动作，只靠她仍旧浑厚清澄的声音和她略显忧郁的眼神营造出一种感伤的氛围，让人体验到繁华和喧嚣之后的怅然。

中国的古典诗词是唯美化语言的极致。因此，很自然地，古典诗词成为追求语言唯美化的市民小说可资借鉴的语言资源。有的市民小说直接把古典诗词融合进行文段落中，有的小说则根据表达的需要巧妙地化用古典诗词。这些古典诗词给小说的叙事语言增添了独特的韵味和婉约的美感。张欣就非常喜欢在小说中援引古典诗词，将其丝丝入扣地编织进叙事语言中。例如《变数》中，"浩明驻足，望着文秀消失在收款台的出口，其实也是'不思量，自难忘'。""母亲见浩明如此挥霍青春，那一份焦虑，真是'才下眉头，又上心头'。"《首席》中，"当年，他一心投身政治，舍弃了多少伸手可及的利益。从商，可以稳稳地荣华富贵，与自己相好纵然有攀龙附凤之嫌，但也未必不能'芙蓉帐里恩情重'，何况那时候若叫飘雪的父母托一把，'谈笑间，樯橹灰飞烟灭'，从政，又是多么难的事?!"《情同初恋》中，"她害怕那种'蓦然回首，那人却在灯火阑珊处'的境界。"整合、镶嵌在小说中的这些古典诗词，强化了叙事语言的表达能力，给小说的语言增添了一种诗意情调和优雅气息。潘向黎《倾听夜色》中的人物对话也夹杂着古典诗词："其实我知道当初你对人家挺关心的，只可惜'盈盈一水间，脉脉不得语'，好伤感啊！"

即便是不援引古典诗词，他们也总是喜欢用轻柔婉约的词语和温婉柔和的语调来营造一种感伤、优美的诗化意境。比如：

不知是谁家的阳台上，有一支箫，透着古朴泛黄的音质，低声呜咽着。这首叫《孤独的牧羊人》的曲子，被清寂和苍凉地吹奏出来，一寸一寸地将街头的喧嚣击碎，什么样的情，不是一场深醉的梦。

——张欣《此情不再》

夜色沉寂而迷乱，是他喜欢的时段。漂亮女孩独自坐在吧台的一角抽烟。咖啡的浓香和烟草和香水交织。唱片放着谋杀人思想的帕格尼尼。无穷尽的感觉，可以深深陷入。然后白天睡觉，与日光之下的世界隔绝。

——安妮宝贝《告别薇安》

这样的叙事语言是非常感性的，也是高度意象化的，具有一种感性的穿透力，能够无比妥帖准确地传达某种感伤的意绪或者伤感迷离的情境。对于讲究情调的广大"小资"读者来说，这种叙事语言最能触动他们心底那根多愁善感的琴弦。

追求唯美化语言的作家们还都非常注重修辞。对于那些具有良好的文学素养的作家来说，注重修辞，并不是指在叙事中卖弄才情、铺张令人眼花缭乱的修辞手法，而是指对修辞手段的精心选择和圆熟运用，力求让修辞形神兼备地传达出作家独特的审美体悟、铺展出某种情调和意境。具体说来，他们并不刻意追求奇巧怪异的修辞格，而是精心选用比喻、通感、拟人等习见的、直觉性的修辞手段，无比妥帖和形象地表达某种状态、某种情境或者某种内心感受。

比如潘向黎在《倾听夜色》中这样描写两个人谈话的随意性：

……夜深了，只有台灯照着的一块光，人像漂浮在凄寂的水上。两个人就有一种与世隔绝、促膝而谈的知心感。说着说着，就觉得天地玄黄，宇宙洪荒，我们不知从何时开始，这样说呀说呀，不知到何时止。

我们的谈话像一叶小船，船上没有桨，也没有楫，风吹来，船就轻轻地、缓缓地漂起来，没有方向，没有目的地。只要遇上任何障碍，比如一朵水莲花或者一茎芦苇，轻轻一蹭，船立即转向，又不知道漂向哪里去。有时漂过去又漂回来了，有时越漂越远，都记不起来是从哪儿出发的了。

邢育森在《浪漫的人是不该相遇的》中如此描绘薄暮来临时的情境：

黄昏的夕阳滴滴答答地落到我身后的楼下。路灯慢慢地眨亮了眼睛。

安妮宝贝在《末世爱情》中以她温柔、富有感性的笔致来描写一对年轻恋人的亲昵与幸福场景：

男孩在人群中俯下脸，轻轻地，温柔地亲吻拥在怀里的女孩。女孩平庸的脸突然像一朵充满了水分的花，旁若无人地盛放开来。

在这些例子中，精当简洁的修辞方式、迂徐舒缓的语言节奏、轻灵简练的语言，都来自作家直觉性的审美体悟，具有生命的质感。就审美效果来说，这种柔和温婉的抒情性话语，既细致幽婉、韵味绵长地抒发了作者精细入微的审美情思，也很容易让读者进入一种如梦似幻的优美情境。同时，就句式结构和语感来说，语句凝练精悍，绝不拖沓冗长；语言表述极为流利，从一个起点出发，顺势而下，汨汨向前流淌，没有任何停滞和阻塞，具有很好的可读性。

追求语言的雅致和唯美格调，并不意味着这类市民小说就完全排斥口语，口语也是其叙事语言的有机组成部分。只不过，它们所使用的口语是明净、平白、通俗而不鄙俗的。粗俗鄙陋的口语是为它们所拒绝的。例如，一些作家喜欢在叙事中灵活自如地穿插和挪用大家熟知的商业话语，以求语言的生动活泼。在张欣的《首席》中，李尔东打趣情绪低落的同事欧阳飘雪："失恋了吧？！我说欧阳，你何必舍近求远？那人一看就是期货……我是现货……"同事斑斑道："所以你不值钱，一不是帅哥，二不是硬汉，自然不属于耐看耐用的消费品喽。"李尔东反唇相讥："我看你啊，马上就成了积压货了，打六折都没人问！"斑斑马上回击："我在名牌广场打六折，总超过你沿街兜售喽。"在李寻欢的《一线情缘》中，男主人公频频使用股市术语来发表对爱情的看法："爱情有风险，入市须谨慎。""这年头走红的概念股，无非是事业有成型、帅哥酷男型、海外发展型三大类。""在上述三种概念股被市场热捧，形成严重泡沫经济的情况下，此类男性实为高成长性潜力股，值得投资者密切关注。""期货""现货""积压货""概念股""泡沫经济"都是现代都市社会中流行的商业术语。这些话语在修辞中的妙用既强化了语言表达的形象性，也使小说语言富有时代气息。这就充分说明，很多小说语言的唯美化是相对而言，并不是完全不食人间烟火的。

部分市民小说叙事语言的唯美主义追求，相对于市民小说中泛滥的鄙俗化语言景观，标示了一种新的语言审美向度，即精致化、诗意化、优雅化。它充分挖掘和发挥了语言的抒情写意功能，极大地扩展了语言的审美张力，切实有效地提升了市民小说语言的审美品格，矫正了某些市民小说叙事语言的粗鄙化流弊，让小说的语言重新回到了文学的范畴之内。对作家来说，诗意化的语言是作家自我审美灵性的张扬，能够抒发个人对外在世界的审美感悟。而就客观表达效果来说，这种富于美感的叙事语言确实能够准确地呈现叙述内容,也为审美趣味比较高雅的读者群所垂青。

从整体上来说,20世纪末市民小说叙事语言的唯美化追求仍然控制在雅俗共赏的层面上:其语言虽然精雅,却并不艰深晦涩,而是容易解读的。不过,不得不指出的是,有些市民小说的语言尽管优美精致,但却缺乏饱满丰厚的美学意蕴,仅仅是为"唯美"而"唯美"。其语言的唯美化仅仅停留于追求文字的绮丽和修辞的繁复,文字所表达的意义却是暧昧不清的,更谈不上包含着什么形而上的哲理和严肃的人文思考。这样的叙事语言只能说是一堆漂亮的文字泡沫,一种自娱自乐的文字游戏,一种茶余饭后的小情调。它与深刻的生活体验无关,与真实的生命感怀无关。

第 7 章 意义与局限：20 世纪末市民小说的价值评判

前述章节依次从主题话语、市民形象、叙事追求等方面深入分析了20世纪末市民小说叙事，侧重从文本内部阐释其叙事话语的文学价值。本章将较为全面、客观地探讨20世纪末市民小说的价值与不足：一方面，将20世纪末市民小说纳入宏阔的文学史视野，通过比较，探寻和厘定其文学史价值与意义。另一方面，从整体上审视20世纪末市民小说存在的局限与不足。这样，就能够以辩证的态度对20世纪末市民小说做出较为全面、客观和实事求是的评价，既避免了过度的拔高和溢美，也避免了非理性的指责与批判。

7.1 20世纪末市民小说的文学史价值

在市民小说史上，20世纪末市民小说具有继往开来的重要价值与意义。20世纪末的社会文化语境以及丰富多样的市民生活让市民小说在传承市民叙事传统的基础上，从表层的内容书写、语言表述到深层的价值观念，都具有了新的形态和新的意义。它的叙事立场、艺术特征以及所表达的价值观念，都与之前的市民小说迥然有别。作为依托新的时代语境生成的叙事话语，20世纪末市民小说发展、创新了20世纪市民小说的叙事传统。同时，它的世俗性、日常性品格又深刻影响了新世纪市民小说的叙事走向。开启了新的叙事趋向。

20世纪末市民小说对市民叙事传统的发展与创新是非常明显的。

第一，它更多的是站在现代城市文明的立场上，书写中国当代的市民生活，特别是紧跟20世纪90年代中国的城市化进程，同步呈现市民社会不断发展变化的风貌，具有鲜明的当代感、动态性以及与时代语境密切贴合的现实色彩。

第二，它拥有多姿多彩的话语形态与丰富多变的审美风格。20世纪末，由于作家对市民生活的认识与理解不同，关注的焦点和书写的角度不同，对于市民价值观念的文化选择和评价态度也有差别，因而形成了多样化的市民叙事。他们的市民小说书写了不同市民阶层的生活风貌与价值观念，具有不同的美学风格与文化深度，呈现出不同的世俗性文化风情。综观整个20世纪末市民小说，既有中产阶层优雅生活的诗意表达，也有普通市民庸碌生活的如实描摹；既有都市另类欲望话语的粗鄙呈现，也有城市新移民漂泊之痛的直观书写。它表现了中国当代城市社会广阔和丰富的市民生活，所呈现的内容既超越了对传统市井文化风情的观照，也超越了对普通市民平实人生的书写。同时，作家审美素养的差异、书写内容的殊异、话语风格的不同等赋予20世纪末市民小说复杂多元的美学风貌。

第三，对新兴市民及其文化精神的形象书写。20世纪乡土气息浓郁的市井小说所描写的大都是有着传统价值观念和思想意识的市井细民。这是一个极具包容性的人物形象群体，既包括传统市井社会的三教九流，也包括胡同小巷中的平民百姓。市井细民的世俗价值观念根植于中国的传统文化，守旧求稳，讲究面子，追求福禄寿财喜。他们总是背负着传统的道德观念，对于他们来说，仁义重于物质需求。他们缺乏自我意识，在一定程度上习惯遵从和依附各种权威（伦理的、权力的、道德的或者经济的），缺乏个体的独立性。

海派市民小说中的市民尽管在某些程度上仍保留着中国传统市民阶层的某些特色，但在总体上呈现出了较为明显的现代性，尽管这是一种不彻底的现代性。上海是一个工商业比较发达的现代都市，商品交换的理念深入人心。生活在这座城市里的市民们天然认同物质化、实利化的价值观念。《倾城之恋》中的白流苏、《封锁》中的吕宗桢、《金锁记》里的曹七巧、《留情》中的敦凤、《结婚十年》中的苏怀青、《七擒》中的真真，都是把自身的利益作为一切行为选择的终极目的。海派市民小说站在民间立场上，从实实在在的世俗生活角度去凸显普通市民的实利价值观，表现他们的自私自利、庸俗功利，描写他们作为凡人的软弱、难堪和在利益面前的妥协、屈服，甚至描写他们为了保全自身利益而表现出的冷酷、奸猾。在张爱玲看来，这些"不彻底"的、为了自身生存利益而"认真"算计的凡人，"是这时代的广大的负荷者"，"比英雄更能代表这时代的总量"。① 这或许可以看作是张爱玲在深切体味到人性的苍凉之后对人的世俗本性的体认吧。

相较于之前的 20 世纪市民小说，20 世纪末市民小说在人物形象塑造方面最突出的贡献就是刻画了一大批市场经济时代的新兴市民形象。这些人物形象不仅抛弃了传统市井人物的封建意识、传统观念，而且具有中国社会主义市场经济所孕育的当代市民精神，体现了新的时代内涵。

在 20 世纪末市民小说的人物形象谱系中，职业白领、城市新移民都是在市场经济发展过程和城市化进程中出现的新市民，也是 20 世纪文学史上新的人物形象类型。市民小说不仅在日常生活层面，而且在社会经济活动层面去刻画这些新市民，表现他们在改变自身生存境遇中所迸发出来的市民精神：勇于拼搏，敢于冒险，勤于开拓、个人奋斗、独立自主、注重自我价值实现等。这是 20 世纪 90 年代中国社会主义市场经济所孕育的新的市民精神，是以往市民小说未曾书写过的市民精神。市场经济激发了人潜在的自我发展的要求和生命能量，给个人提供了施展才干的舞台。新兴市民精神是市场经济竞争语境中个人主体性的张扬，是推动市场经济发展的人性动力。它彰显了市场经济时代的文化精神，创新、丰富和发展了市民阶层的价值观，为市民形象注入了新的人性内涵。在 20 世纪末的市民小说中，新兴市民精神也会落实到形而下的物质层面，致力于改变与提升个人的物质生存境遇，表达一种以物质/金钱占有为奋斗目标的经济理性。这种经济理性是市场经济与当代市民社会发展所带来的必然的理性自觉，是人的世俗属性在经济活动层面的呈现。20 世纪末市民小说对于市民经济理性的揭示和呈现，具有重要的文学史意义：一方面，在某种意义上弥补了文化启蒙主题市民小说侧重表现市民文化品格而忽略表现其经济人格的不足。另一方面，创新、发展了海派市民小说中的市民经济理性。虽然都注重实利、注重物质利益，但与海派市民小说中的市民形象不同，20 世纪末市民小说中的新市民，大多通过个人奋斗而非算计、争夺和依附去获取物质利益、

---

① 《张爱玲文集》第四卷，安徽文艺出版社 1992 年版，第 173 页。

改变个人的物质生活境遇。不仅如此，20世纪末市民小说在社会经济活动层面塑造当代新市民，还开辟了一个新的市民形象书写角度。概言之，20世纪末市民小说对新兴市民及其精神的书写，既丰富、发展了市民小说的文化内涵，也深化、拓展了市民小说对人性的表现，体现了人文深度。

另外，20世纪末市民小说与海派市民小说都刻画了普通市民的形象、表现了普通市民的实用主义理性。但是，海派市民小说中普通市民的实用主义理性主要表现为对个人物质利益的争取与维护、人际交往和婚姻选择中的算计等。在20世纪末市民小说中，普通市民的实用主义理性还表现为脚踏实地的生活态度、以实际行动改变生活的能力和圆融聪慧的处世技巧，包含了更为深广的文化内涵。不仅如此，20世纪末市民小说还挖掘并表现城市平民在艰难生活中的顽韧生存精神。这是普通市民坚强生存意志的体现，是一种令人肃然起敬的崇高精神。这种精神是以往市民小说未曾关注和书写过的。20世纪末市民小说对这种市民生存精神的挖掘和书写，为普通市民形象灌注进新的文化和人性内涵，补充和丰富了市民精神，让普通市民的文学形象更加饱满、鲜活和立体。

第四是对主题话语的拓展与深化。日常生活与物质诉求是20世纪市民小说的两大书写主题。不过，由于时代语境的不同，日常生活与物质诉求在不同历史阶段，市民小说中的风貌与价值也迥然不同。20世纪末市民小说对日常生活与物质诉求的书写最具历史与文化深度。

市民小说启蒙叙事，无论是对市井风情的再现与想象，还是对当代市井普通市民生存情状与文化心理的揭示，最终都会指向对市井文化或者市民文化心理的反思与批判这种非世俗性的主题。即是说，市民小说启蒙叙事是通过对世俗性生活的描写去表达非世俗性的文化批判主题。市民小说启蒙叙事即便写到衣食住行等形而下的日常生活，也总是通过这种描写表达形而上的文化沉思或者理性批判，如陆文夫《美食家》《人之窝》，刘心武《钟鼓楼》《立体交叉桥》等。日常生活自身的价值与意义在市民小说启蒙叙事中并没有得到充分的发掘与展现。

海派市民小说以日常生活作为独立的写作领域，男女情爱、夫妻怄气、吃饭穿衣、走亲访友、打麻将、结婚、过年过节、婆媳斗嘴等烦琐的日常生活都是海派小说的题材内容。不过，海派市民小说的日常生活书写较多停留在饮食男女层面，从形而下的经验出发描写普通市民在食色层面的生存状态。无论是苏青、潘柳黛，还是予且、周天籁，都写出了日常生活的日常性、世俗性，却没有对日常生活的价值与意义进行深度挖掘阐发。只有杰出的张爱玲将饮食男女升华为"人生素朴的底子"，认为饮食男女的日常生活具有永恒的意味。

20世纪末市民小说延续了海派市民小说的日常生活主题，但拓展了主题的社会文化容量。如前所述，20世纪末市民小说从人的现实生存与历史两个向度出发去诠释日常生活，使其容纳了更为丰富和深广的社会文化内容，也更具有文化深度和时代特色。20世纪末市民小说不仅仅书写饮食男女，而是尽可能展现被之前市民小说所忽略的日常生活的包罗万象与异彩纷呈。在20世纪末市民小说的现实主义文本中，衣食住行、柴米油盐、生老病死、男欢女爱、悲伤与喜悦、幸福与痛苦、得意与失落等日常生活的丰富要素与细节都鲜活生动地呈现出来。相较于以往的市民小说，20世纪末市民小说全面呈现了日常生活平淡、琐碎、庸碌、闲适、安逸、诗意、优美的复杂面貌。在价值维度上，20世纪90年代市民小说遵循市民的世俗生存逻辑，深入看似平淡琐屑、单调乏味的市民日常生活内里，在两个向度上发掘、呈现日常生活的价值与意义。一是确认日常生活的现世价值。90年代市民小说从日常生活中发掘诗意与乐趣，指出日常生活是个人存在的现实基础，生活的价值与意义不在缥缈的彼岸世界，就在于其本身，从而揭示个人回归、流连日常生活的现实合理性。同时，还通过世俗化的市民生活故事在形而上的哲学层面阐释日常生活的价值，诠释日常生活"作为人的行动中的认识的源泉和归宿的本质性"[1]，人类的一切需求最终都要经由日常生活得到满足。因此，20世纪末市民小说的日常生活书写具有一定的哲学深度。二是在动荡的历史背景上展现日常生活最稳定、最恒长、最实在、最普遍的内涵，表现日常生活是"最能体现世界之生活性的世界"[2]。此外，20世纪末市民小说还通过日常生活细节去透视历史和时代的风云变化，在叙事中，宏大的历史不过就是点点滴滴、日复一日积累的生活演变。显现了通过日常生活去书写另一种历史的可能。

总之，20世纪末市民小说对日常生活复杂性、丰富性的开掘远远

---

[1] 乔治·卢卡契：《审美特性》第一卷，中国社会科学出版社1986年版，第35页。
[2] 李文阁：《回归现实生活世界》，中国社会科学出版社2002年版，第203页。

超过了海派市民小说，对日常生活价值与意义的揭示也远比海派市民小说深刻、全面和到位。它将私人的日常生活从公共性的政治与社会文化领域剥离出来成为一个独立的审美对象，书写日常生活的本真风貌，发掘日常生活自身的价值与意义，建构起一种日常生活诗学。

对于个体的物质欲望，老舍、冯骥才、刘心武、陈建功等作家的市民小说都较少涉及，在有的小说里甚至于完全忽略。张爱玲、苏青、予且的小说对个人的物质欲求着墨颇多，但是一般都与个人的生存和日常生活联系在一起予以表现，写得比较含蓄和隐蔽。20世纪末市民小说则从生存需要、人性和文化身份建构需要等多重层面书写人的物质欲望，并非常直接和坦率地写出了欲望追逐与实现的动态过程。可以说，在市民小说叙事传统中，从来没有作品像20世纪末的一些市民小说这样将物质欲望上升到叙事的本体地位进行无比直白、坦率的书写。但是，对物质欲望的直白书写并不代表作家完全认同对物质欲望的疯狂追逐。20世纪末一些市民小说在肯定物质欲望合理性的同时，又对物质欲望的疯狂追逐进行质疑与批判，显现出了一种具有思想深度的人文主义立场。

从整体上来看，相较于20世纪其他历史阶段的市民小说，20世纪末市民小说的叙事话语更具包容性和现代性。它延续并发展了海派市民小说的世俗性叙事话语模式，并且呈现出更为彻底和鲜明的现代化倾向。20世纪末的市民小说叙事坚持以人为本，从人的生存和发展需要出发，强调日常生活的重要性及个人回归日常生活的合理性，强调对市民大众合理生活欲求的满足，强调个人的独立与价值实现，强调对个人世俗人生价值的尊重与表达，这些都与现代化的内涵一致，因而体现出了与时俱进的现代性。可以说，20世纪末市民小说立足社会主义市场经济下的现代化语境，更新了市民小说叙事传统，让市民小说容纳了更多现代性内涵。

21世纪以来的市民小说沿着20世纪末市民小说的日常化、世俗性道路继续发展。一方面继续关注市民社会个体的生存状态，表达对个体的世俗关怀与生命慰藉，不断生成新的叙事风貌。另一方面，有的作家又回归传统的市井社会，站在民间立场努力构造市井社会的新古典话语，从传统市井社会发掘新的叙事资源和新的叙事活力。

7.2　20世纪末市民小说的局限与不足

在我们立足20世纪末中国特定的社会和文化语境,对市民小说进行了全面梳理之后,在欣喜于它对新的市民生存经验的表达、对新兴市民形象的塑造以及新的审美经验的提供的同时,也不无遗憾地发现了它的种种局限与不足。

一是小资情调的喧嚣。在20世纪末的市民小说叙事潮流中,最为引人注目的是那些具有浓郁小资情调的市民小说,这类小说搭乘消费时尚的快车出场并迅速风靡20世纪末的文坛。那么,这种时尚化写作是否就比其他市民叙事类型更具有文化的深度、更能体现文学的创作活力呢?实际上,"小资"写作是都市流行时尚与新兴市民阶层以物质消费为主调的生活方式相糅合的产物。有学者曾经一针见血地指出:"'小资'写作不过"是财富和虚荣在文化名义进行的一次自我肯定,是享乐趣味得到尊崇和美化的巧妙表达,是对狭隘幸福欲念和肤浅人生欲望的精心包装和广告化诠释。"[①]"小资"写作具有三个显著特征:一是"小资"写作的题材范围基本限定在私人化的生活空间,不关注宽广的社会生活领域和深厚的生活内蕴。它刻意把生活中一切沉重的成分包括深刻的人生体验都过滤和删削掉,专注于以个人化的方式描写那些不断变幻的流行时尚、优雅精致的生活方式、浪漫诗意的情爱故事。二是"小资"写作调动一切修辞手段来精心包装都市白领的生活,强调他们高雅的文化趣味,渲染他们轻灵安逸的生活情调。它努力构筑的是一个远离了一般大众、蒸腾着享乐气息的现代神话。三是"小资"写作不仅无限美化它所代言的这个阶层的生活,而且拒绝价值关怀,拒绝意义的探询。以他们挑剔的眼光来看,真诚的人文关怀和严肃的文化思考是那样地不合时宜甚至愚蠢可笑。卫慧的《上海宝贝》、安妮宝贝的《告别薇安》、潘向黎的《十年杯》都是小资写作的范本,张欣的《浮华城市》、石康的《支离破碎》也有小资情调的影子隐隐浮现在其中。

这种"小资"写作在很大程度上其实是一种媚俗,一种矫揉造作

[①] 吴志翔:《小资写作:消费社会的精神叛逃》,载于《北京文学》2001年第10期,第98~104页。

的表演和炫耀。"小资"写作所标榜的生活方式对于普通大众来说，还不过是一道纸上的风景。由于社会经济发展的不平衡，在20世纪末，讲究风雅情调、崇尚奢华物质消费的白领阶层在中国城市毕竟居于少数。但在"小资"写作中，中国城市社会真实的生活图景却被依据中产阶级的审美趣味进行了重新涂抹和整饬，一般大众普普通通的生存图景被中产阶层的香车美女图所覆盖，诚如著名学者孟繁华所批判的："一个不再需要激情不再产生焦虑的阶层，在拥有话语权力的后现代主义者那里，被置换成全社会的普遍状况，它以狂想的形式和霸权的语调，试图建立文化白领话语的合理性和合法性。它以虚假和极端片面的描述，把今日中国描绘成'后现代'已然来临，所有人都享受于'后现代'的无比丰盈和温情之中。"①

　　富于装饰性的"小资"写作及其兴盛恰恰体现了20世纪末的一些文化症候：启蒙话语的失落、消费文化的流行、审美的感官化。但是，需要质疑的是，在市场经济时代，作家的责任难道就仅仅是迎合消费需求、炮制文化快餐吗？在任何时代，真正严肃和有价值的文学都以强烈的人文关怀意识和现实批判精神为标志。对底层民众生存境遇的真实揭示和深厚同情，恰恰是人文关怀意识的一种突出表现。许多文学经典之所以能成为经典，根本不是因为满足了某一阶层的文化消费需求，而在于其深厚而充沛的人文内涵。在这个意义上来说，虚伪又无聊的"小资"写作尽管迎合了社会的消费时尚，但它终究不过是一堆华丽却速朽的文化泡沫。

　　二是深度模式的消解。20世纪80年代后期，《烦恼人生》《艳歌》《单位》等市民小说开启了对日常生活的本真描摹。20世纪90年代，日常生活更是擢升为市民小说极端重要的叙事资源，越来越多的作家都自觉地把日常生活作为自己的审美领域。当我们面对汹涌而来的日常生活叙事潮流，欢呼雀跃于其对日常生活的逼真呈现时，也应该清醒地看到这种日常生活话语的内在缺陷和潜在的话语霸权倾向。

　　20世纪80年代后期市民小说书写日常生活的初衷是为了还原它被精英知识分子启蒙文学所忽略的原始风貌，并对日常生活进行价值重估。它们普遍采取了一种"置换式"的叙事策略，即把日常生活中原

---

① 孟繁华：《众神狂欢：世纪之交的中国文化现象》，中央编译出版社2003年版，第104页。

先被宏大叙事确认为非本质的内容比如衣食住行、家长里短确定为日常生活的本质，并以此为叙事的核心。这时的日常生活叙事在一定程度上具有张扬日常生活价值的人文深度。

沿着《烦恼人生》等小说所开辟的日常生活话语范式，20世纪90年代一些市民小说在日常化叙事的道路上滑行得更远，并且把日常生活叙事推向了狭隘的极端。它们以不容置疑的叙事态度把日常生活的本质设定为表象化的、物质化的，乃至欲望横流的，并且在叙事中以一种固执的方式不断地强化和凸显这一认识，从而表现出明显的话语霸权倾向。在它们对日常表象的表象式书写中，日常生活变成了一个平面的、只有散乱的表象而没有任何深度意义的时空，其间充满欲望和诱惑、琐碎和无聊。同时，一些市民小说对日常生活表象的推重，还意味着其在一定程度上取消了日常生活的精神向度，拆除了与日常生活有关的深度模式。在它们看来，一切附着于日常生活之上的精神价值都不过是文化精英们的主观设定，都应该彻底清除。90年代后期，越来越多的作家在作品中放逐了意义的追问、精神的关怀和理想的构建。他们宁愿随波逐流，在生活的平面上嬉戏和狂欢。这样，日常生活的意义表达彻底流失了。但是，呈现在这些市民小说中的日常生活是否就是完整的、真实的日常生活呢？日常生活就是没有任何内在性的表象的集合吗？当然不是。日常生活绝非一个没有任何精神内涵的"无物之阵"，也绝对不仅仅是物质、欲望和各种无聊表象的集合。它有着无比丰饶的内容，平庸、无聊的生活细节和日常事件只是它的一部分，而不是全部。日常生活还是一切理想和精神滋生的现实土壤。20世纪末一些市民小说关于日常生活的叙事其实是浮光掠影地看取生活，事实上，日常生活远远大于这种叙事所描述的内容。更为危险的是，一些市民小说对于日常生活的书写完全消弭了文学与日常生活之间必要的距离。"一旦小说与现实的缝隙完全弥合，艺术就将毁灭。"[①] 在这些市民小说陶醉于对日常生活表象的复制和拼贴时，日常表象已经变成了文学难以跨越的叙事陷阱。它不仅使小说叙事日益陷落在日常经验琐碎无边的沼泽中，而且毁损了小说的诗性原则和批判精神，扼杀了小说的想象力和洞察力，使之沦落为庸俗化生存现实的记录员。小说之所以有存在的价值，首先就因

---

① W. C. 布斯：《小说修辞学》，华明等译，北京大学出版社1987年版，第136页。

为它是超越性的,它能够洞穿日常事务纷繁迷离的表象,抵达被日常表象所遮蔽的存在的真实本相。诚如马尔库塞所言:"艺术在其先进的立场上,它是大拒绝——抗议现实的东西,"它"颠覆了日常经验,并表明这经验是残缺不全和虚假的。"① 真正优秀的现实主义写作,面对现实生活始终保持着必要的清醒和警惕,总是透过庞杂的感性具象去揭示存在的真相,使每个读者不得不去正视和反思自己的生存处境。其次,小说存在的价值还体现在它能够以诗性的想象,为人们开启另一种生活的可能性、另一种更符合人性的生活图景,从而为人们的现实生存提供必要的理想支撑、心灵慰藉和精神关怀。然而,在20世纪末一些市民小说的日常叙事中,日常表象成为最真实的生活,一切价值观照与文化沉思都被杂乱无章的生活枝节所消解和淹没。我们说,"这样的文本更多地具有现象认知的意义,而难以承担思想提升的使命",② 更不可能开启对日常生活本质的深度思考。

在人们较为关注物质利益的时代,迫切需要一套深沉有力的价值体系来阐释日常生活的意义、支撑生存的根基。构建这一价值体系是文学理所当然的责任。小说应当重新建立与日常生活之间的关系,以超越性的姿态来审视和描述日常生活,以重新获得思想深度。

三是过度趋同市民文化的尴尬。在20世纪末的现代化进程中,市民文化逐渐获得了较为广阔的发展空间。不仅主流文化对市民文化的约束放松,精英文化也与市民文化握手言和。精英文化对市民文化的认可和接纳反映在市民小说上,就是在价值取向上对市民价值话语的认同与抉择。多种世俗化的价值取向以其"避虚就实"的内涵也在一定程度上对80年代精英知识分子启蒙话语的"凌空高蹈"进行了有效的修订与补足。但是,市民文化的悖论性也给20世纪末市民小说带来了令人尴尬和羞愧的缺陷。

首先,市民文化是一个错综复杂的文化复合体。它既包含着与现代化要求相一致的文化因子,又积淀着恶俗的污垢与糟粕。一些作家急于为市民文化的合理性进行辩护,往往对市民文化不加辨析,在向市民文化的过度趋同过程中逐渐丧失了作家应有的社会和文化批判立场。

---

① 马尔库塞:《单面人》,上海译文出版社1989年版,第59页。
② 贾丽萍:《转型与变化——谈20世纪90年代城市小说兴起之原因》,载于《云南社会科学》2004年第4期,第129~133页。

其次，与乡村文化的单纯与稳定相比，市民文化具有不断变迁的文化品性。它所包含的一些优良传统文化基因在都市流行文化的挤兑下、在消费文化的喧哗与骚动中有消失的危险。我们在卫慧、棉棉、石康、陈丹燕、唐颖等人的小说中已经寻觅不到传统的踪迹，看到的只是流行时尚的喧哗。作家在对流行文化的拥抱和追捧中丧失了一个人文知识分子应有的价值判断。

最后，市民文化还具有功利性的特征。市民文化重视个人的现实利益，实用主义是市民价值观的基石，物质功利意识则是市民的主导意识。在20世纪末的一些市民小说中，这种功利型文化沿着精神的台阶下滑，更多地表现出对实利主义毫无保留的认同和对世俗欲望的过分张扬，逐渐背离与迷失了健康的文化真谛。

20世纪末市民小说最根本的缺陷就在于过分认同市民文化，对其缺乏理智的审视和必要的批判。市民文化体现了广大市民的现实生活欲求，具有一定的现实合理性，因此，人文知识精英不能对之进行简单的排斥或蔑视，应当正视市民文化尤其是市民价值观念。但是如果无视市民文化的"藏污纳垢"、过于美化市民的价值观念、完全认同于市民的价值标准，也必将导致人文精神的降格甚至流失。

面对世俗性市民文化，一个优秀的作家应该坚持双重立场：既能入乎其内，认同其中的合理性成分；又能出乎其外，冷静地洞察和批判其中的糟粕。偏激凌厉的全面否定和不加分析的全盘认同都是不可取的。在20世纪末的文坛上，只有王安忆等少数作家能够坚持这样的文化立场。对于市民文化，王安忆能够把握住其内在的精髓，所以她能把弄堂里平淡的日常生活演绎得非常优美，并赋予其永恒的况味，在她笔下，市民文化闪耀着知性的光华。但同时，她又是一个超然于市民生活之外的冷静的观察者，始终保持着精英知识分子的独立人格，这使得她的作品在精神气质上又与市民的庸俗趣味截然区别开来。因此，她的小说尽管描写市民生活，但却视野宏阔，境界高远，具有很强的思想穿透力，决不沾染庸俗的市民气。

四是独创性的泯灭。从叙事层面来考察20世纪末的市民小说，我们不无失望地发现，从整体来看，它更多地继承了传统的叙事经验，艺术表达上的创新和突破非常有限。

更令人失望的是，由于叙事经验和想象的匮乏，模式化已经成为

20世纪末市民小说挥之不去的梦魇。对某一题材的集体性偏重，对某一话语方式不约而同的嗜好，对某种生活形态的反复书写，使20世纪末很多市民小说都落入了模式化的窠臼。

模式化首先表现为作家之间的相互模仿。许多小说从场景、情节到人物几乎如出一辙。比如，卫慧和棉棉都喜欢将叙事空间设定在迪厅、大酒店、夜总会等消费性的都市生活空间，游荡在这些空间中的人物形象只是在性别或身份上不时地有所变化，其人格特征和精神状态却非常地相似。再如，20世纪末市民小说对两性情爱的叙述已经形成了固定的套路：首先是主题的统一。通过支离破碎的情爱故事揭示男性对女性的背叛和伤害是女性作家钟爱的母题。池莉《小姐你早》《来来往往》，张欣《此情不再》等一大批女性作家的小说所使用的故事道具可能千差万别，但叙述内容却脱不了这一主题的涵盖。其次是情节设置的类似。张欣、潘向黎、陈丹燕、唐颖等人最擅长讲述白领阶层俊男靓女的悲欢离合。"相识——相恋——因突变而分手"，她们的故事基本上都遵循这一情节次序展开和衍生。再次是三角情爱纠葛模式的反复设定。三角情爱是市民小说中泛滥成灾的情爱模式，一切情节都围绕这一模式设计和展开。很多市民小说都在"重复相同的情节，重复到令人生厌的地步，让情节像走马灯似的循环"。[①] 张抗抗《情爱画廊》、张欣《致命的邂逅》、陈丹燕《女友间》等，无不是反复演绎两女一男或两男一女之间的情爱纠葛，并以此作为叙事框架。因此，这些小说难避相互仿制和抄袭的嫌疑，终于退化为一场类型化狂欢。

其次，模式化还表现为作家的自我重复。综观20世纪末的市民小说，一些作家表现出了激情耗散后的审美疲惫和才思枯竭后的自我重复。他们的叙事日益在惯性的轨道上滑行，沉溺于某种顽固的叙事模式里不能自拔，而细节上的重复更是令人震惊。例如，以描写都市丽人生活而著称的张欣，她所编织的都市传奇在人物设置和情节设计上多有雷同，其所有的小说基本上都可以概括在"都市环境＋女性＋商场拼杀＋情感纠葛"的故事模式之中。再如卫慧，写来写去无非是一些大同小异的另类女孩和几个异性的性爱故事，卫慧的一系列小说从《像卫慧那样疯狂》《欲望手枪》到《愈夜愈美丽》可以浓缩为一个长篇《上海宝

[①] 米歇尔·蒙苏韦：《论"新小说"中的想象》，引自柳鸣九主编：《新小说派研究》，中国社会科学出版社1986年版，第544页。

贝》。邱华栋的《城市战车》则几乎囊括了《闯入者》《城市狂奔》《沙盘城市》等几篇小说的基本内容和主题，这几篇小说还存在着细节和情节上的惊人重复。何顿的《告别自己》《无所谓》《喜马拉雅山》等小说在人物身份、故事内容和叙事结构上都如出一辙。

　　这些模式化流弊在一定程度上折射出了作家们叙事资源的匮乏和艺术创新能力的退化，也表明其话语对自我人生经验的超越尚没有进入成熟阶段，对小说艺术的虚构性和它应有的独创性也都把握不够。W.C.布斯说："每种艺术都只有在追求自己的独特前景时，它才能繁荣。"①小说发展到今天之所以有这么多的叙事类型，就在于一代又一代作家的艺术创新。作家的独创性是小说发展的重要动力，而模式化必然导致独创性的泯灭。当众多作家在某种叙事模式里绕圈子时，也就意味着创新能力的消失。对于市民小说来说，这是非常危险和可怕的。

　　作家们应当摆脱内在的思维惯性，保持独立的价值立场，逼视市民生活的本质，拒绝商业利益的诱惑，挑战平庸的审美趣味，充分发挥个人的艺术创造性，超越原有的话语表达模式，不断推动市民小说创新发展。

---

① W.C. 布斯：《小说修辞学》，华明等译，北京大学出版社1987年版，第211页。

参考文献

[1] 阿格妮丝·赫勒：《日常生活》，衣俊卿译，重庆出版社2010年版。

[2] 安东尼·吉登斯：《亲密关系的变革——现代社会中的性、爱和爱欲》，陈永国、汪民安等译，社会科学文献出版社2001年版。

[3] 包亚明：《后大都市与文化研究》，上海教育出版社2005年版。

[4] 蔡翔：《日常生活的诗情消解》，学林出版社1994年版。

[5] 曹文轩：《20世纪末中国文学现象研究》，北京大学出版社2003年版。

[6] 陈传才：《中国20世纪后20年文学思潮》，中国人民大学出版社2001年版。

[7] 陈刚：《大众文化与当代乌托邦》，作家出版社1996年版。

[8] 陈恒：《都市社会学》，上海人民出版社2014年版。

[9] 陈慧芬：《想象上海的N种方法》，上海人民出版社2006年版。

[10] 陈立旭：《都市文化与都市精神——中外城市比较文化比较》，东南大学出版社2002年版。

[11] 陈霖：《文学空间的裂变与转型——大众传播与20世纪90年代中国大陆文学》，安徽大学出版社2004年版。

[12] 陈平原、王德威：《都市想象和文化记忆》，北京大学出版社2005年版。

[13] 陈思和：《理解九十年代》，人民文学出版社1996年版。

[14] 陈思和、杨扬：《90年代批评文选》，汉语大词典出版社2001年版。

[15] 陈晓明：《表意的焦虑》，中央编译出版社2002年版。

[16] 陈晓明：《现代性与中国当代文学转型》，云南人民出版社2003年版。

[17] 程光炜：《都市文化与中国现当代文学》，人民文学出版社2005年版。

[18] 戴锦华：《隐形书写——90年代中国文化研究》，江苏人民出版社1999年版。

[19] 戴维·英格利斯：《文化与日常生活》，张秋月、周雷亚译，中央编译出版社2010年版。

[20] 董之林：《旧梦新知：十七年小说论稿》，广西师范大学出版社2004年版。

[21] 费正清：《中国：传统与变迁》，张沛等译，吉林出版集团有限责任公司2013年版。

[22] 高小康：《喧哗与萧条》，山东文艺出版社2000年版。

[23] 高小康：《游戏与崇高》，山东文艺出版社1998年版。

[24] 葛红兵：《障碍与认同》，学林出版社2001年版。

[25] 葛永海：《古代小说与城市文化研究》，复旦大学出版社2004年版。

[26] 耿占春：《叙事美学——探索一种百科全书式的小说》，郑州大学出版社2002年版。

[27] 顾朝林、刘佳燕等编：《城市社会学》，清华大学出版社2013年版。

[28] 贺雪峰：《城市化的中国道路》，东方出版社2014年版。

[29] 贺仲明：《中国心像：20世纪末作家文化心态考察》，中央编译出版社2002年版。

[30] 赫伯特·马尔库塞：《单向度的人》，刘继译，上海译文出版社2006年版。

[31] 赫伯特·马尔库塞：《审美之维》，李小兵译，广西师范大学出版社2001年版。

[32] 亨利·列斐伏尔：《日常生活批判》，社会科学文献出版社2018年版。

[33] 洪治纲：《无边的迁徙》，山东文艺出版社2004年版。

[34] 黄发有：《准个体时代的写作——20世纪90年代中国小说研究》，上海三联书店2002年版。

[35] 黄力之：《中国话语：当代审美文化史论》，中央编译出版社

2001年版。

[36] 蒋述卓：《城市的想象与呈现——城市文学的文化审视》，中国社会科学出版社2003年版。

[37] 金汉：《中国当代小说艺术演变史》，浙江大学出版社2000年版。

[38] 李建军：《时代及其文学的敌人》，中国工人出版社2004年版。

[39] 李建军：《小说修辞研究》，中国人民大学出版社2003年版。

[40] 李洁非：《城市像框》，山西教育出版社1999年版。

[41] 李今：《海派小说与现代都市文化》，安徽教育出版社2000年版。

[42] 李俊国：《中国现代都市小说研究》，中国社会科学出版社2004年版。

[43] 李书磊：《都市的迁徙——现代小说与城市文化》，时代文艺出版社1993年版。

[44] 李天纲：《人文上海——市民的空间》，上海教育出版社2004年版。

[45] 李孝悌：《中国的城市生活》，北京大学出版社2013年版。

[46] 梁晓声：《中国社会各阶层分析》，文化艺术出版社2014年版。

[47] 廖述务：《身体美学与消费语境》，生活·读书·新知三联书店2011年版。

[48] 林建法、徐连源：《中国当代作家面面观》，春风文艺出版社2003年版。

[49] 刘川鄂：《小市民 名作家——池莉论》，湖北人民出版社2000年版。

[50] 刘清平：《情理利欲：大众审美中的文化反思》，湖北人民出版社1998年版。

[51] 刘小枫：《现代性社会理论绪论》，生活·读书·新知三联书店1998年版。

[52] 刘智峰：《痞子英雄——王朔再批判》，中华工商联合出版社2000年版。

[53] 龙迪勇：《空间叙事学》，生活·读书·新知三联书店2015年版。

[54] 龙其林：《社会转型与文学想象：新世纪中国当代文学现象研究》，社会科学文献出版社2015年版。

[55] 卢汉超：《霓虹灯外——20世纪初日常生活中的上海》，上海古籍出版社2004年版。

[56] 鲁迅：《中国小说史略》，上海古籍出版社2004年版。

[57] 陆学艺：《当代中国社会阶层研究报告》，社会科学文献出版社2002年版。

[58] 陆扬、王毅：《大众文化与传媒》，上海三联书店2000年版。

[59] 罗刚、王中忱：《消费文化读本》，中国社会科学出版社2003年版。

[60] 马克斯·韦伯：《新教伦理与资本主义精神》，康乐、简惠美译，广西师范大学出版社2010年版。

[61] 马泰·卡林内斯库：《现代性的五副面孔》，顾爱彬、李瑞华译，商务印书馆2002年版。

[62] 迈克·费瑟斯通：《后现代主义与消费文化》，刘精明译，译林出版社2000年版。

[63] 毛时安：《城市的声音》，山东友谊出版社1997年版。

[64] 孟繁华：《众神狂欢：世纪之交的中国文化现象》，今日中国出版社1997年版。

[65] 孟繁华：《众神狂欢——世纪之交的中国文化现象》（修订版），中央编译出版社2003年版。

[66] 孟悦、戴锦华：《浮出历史地表》，中国人民大学出版社2010年版。

[67] 宁亦文：《多元语境中的精神图景——九十年代文学评论集》，人民文学出版社2001年版。

[68] 祁述裕：《市场经济下的中国文学艺术》，北京大学出版社1998年版。

[69] 邱华栋：《城市的面具——新人类部族与肖像》，敦煌文艺出版社1997年版。

[70] 让·波德里亚：《消费社会》，刘成富译，南京大学出版社2001年版。

[71] 任平：《时尚与冲突——城市文化结构与功能新论》，东南大

学出版社2001年版。

[72] 荣跃明、黄昌勇：《城市叙事 记忆、想象和认同》，上海书店出版社2017年版。

[73] 邵燕君：《倾斜的文学场——当代文学生产机制的市场化转型》，江苏人民出版社2003年版。

[74] 苏海南、王宏、常风林：《当代中国中产阶层的兴起》，浙江大学出版社2015年版。

[75] 孙立平：《现代化与社会转型》，北京大学出版社2005年版。

[76] 孙立平：《转型与断裂——改革以来中国社会结构的变迁》，清华大学出版社2004年版。

[77] 孙先科：《颂祷与自诉——新时期小说的叙述特征及文化意识》，上海文艺出版社1997年版。

[78] 陶东风、和磊：《文化研究》，广西师范大学出版社2006年版。

[79] 陶东风：《社会转型与当代知识分子》，上海三联书店1999年版。

[80] 陶鹤山：《市民群体与制度创新—对中国现代化主体的研究》，南京大学出版社2000年版。

[81] 滕翠钦：《被忽略的繁复——当下"底层文学"讨论的文化研究》，上海三联书店2009年版。

[82] 田中阳：《百年文学与市民文化》，湖南教育出版社2002年版。

[83] 汪民安：《身体、空间与后现代性》，江苏人民出版社2005年版。

[84] 王爱松：《当代作家的文化立场与叙事艺术》，南京大学出版社2004年版。

[85] 王安忆：《王安忆说》，湖南文艺出版社2003年版。

[86] 王安忆：《小说课堂》，商务印书馆2012年版。

[87] 王安忆：《寻找上海》，学林出版社2001年版。

[88] 王彬彬：《在功利与唯美之间》，上海学林出版社1994年版。

[89] 王绯：《画在沙滩上的面孔》，山西教育出版社1999年版。

[90] 王德领、杨岸青：《中外文学中的城市想象》，北京师范大学出版社2017年版。

[91] 王宁：《消费社会学》，社会科学文献出版社 2001 年版。

[92] 王德胜：《文化的嬉戏与承诺》，河南人民出版社 1998 年版。

[93] 王德威：《想像中国的方法：历史·小说·叙事》，生活·读书·新知三联书店 2003 年版。

[94] 王唯铭：《欲望的城市》，文汇出版社 1996 年版。

[95] 王晓明：《半张脸的神话》，广西师大出版社 2003 年版。

[96] 王晓明：《在新意识形态的笼罩下——90 年代的文化和文学分析》，江苏人民出版社 2000 年版。

[97] 王岳川：《中国镜像——90 年代文化研究》，中央编译出版社 2001 年版。

[98] 吴福辉：《都市旋流中的海派小说》，湖南教育出版社 1995 年版。

[99] 吴秀明：《三元结构的文学》，春风文艺出版社 1998 年版。

[100] 吴秀明：《转型时期的中国当代文学思潮》，浙江大学出版社 2001 年版。

[101] 吴义勤：《长篇小说与艺术问题》，人民文学出版社 2000 年版。

[102] 吴义勤：《告别虚伪的形式》，山东文艺出版社 2004 年版。

[103] 西美尔：《金钱、性别、现代生活风格》，顾仁明译，学林出版社 2000 年版。

[104] 希利斯·米勒：《解读叙事》，申丹译，北京大学出版社 2002 年。

[105] 向荣：《消费社会与当代社会的文化变奏》，四川人民出版社 2014 年版。

[106] 谢冕、张颐武：《大转型——后新时期文化研究》，黑龙江教育出版社 1995 年版。

[107] 谢桃坊：《中国市民文学史》，四川人民出版社 1997 年版。

[108] 谢镇泽、郭海军：《改革开放城市新移民文学书写研究》，人民出版社 2018 年版。

[109] 许纪霖、罗岗等：《启蒙的自我瓦解——1990 年代以来中国思想文化界重大论争研究》，吉林出版集团有限公司 2007 年版。

[110] 许纪霖：《中国知识分子十论》，复旦大学出版社 2003 年版。

[111] 许志英、丁帆主编：《中国新时期小说主潮》，人民文学出版社2002年版。

[112] 薛凤旋：《中国城市及其文明的演变》，三联书店（香港）有限公司2009年版。

[113] 杨东平：《城市季风——北京和上海的文化精神》，东方出版社1994年版。

[114] 杨贵庆：《城市社会心理学》，同济大学出版社2000年版。

[115] 杨宏海：《全球化语境下的当代都市文学》，社会科学文献出版社2007年版。

[116] 杨剑龙：《上海文化与上海文学》，上海人民出版社2007年版。

[117] 叶中强：《从想象到现场——都市文化的社会生态考察》，学林出版社2005年版。

[118] 衣俊卿：《现代化与日常生活批判》，人民出版社2005年版。

[119] 殷一平：《高级灰：中国城市中产阶层写真》，中国青年出版社1999年版。

[120] 袁祖社：《权力与自由——市民社会的人学考察》，中国社会科学出版社2003年版。

[121] 约翰·费斯克：《理解大众文化》，王晓珏、宋伟杰译，中央编译出版社2001年版。

[122] 曾一果：《想象城市：中国当代文学与媒介中的"城市"》，黑龙江人民出版社2011年版。

[123] 张光芒：《中国当代启蒙文学思潮论》，上海三联书店2006年版。

[124] 张国义：《生存游戏的水圈》，北京大学出版社1994年版。

[125] 张旭东：《全球化与文化政治——90年代中国与20世纪的终结》，朱羽等译，北京大学出版社2014年版。

[126] 赵柏田：《历史碎影：日常视野中的现代知识分子》，中华书局2006年版。

[127] 赵伯陶：《市井文化与市民心态》，湖北教育出版社1996年版。

[128] 赵园：《北京：城与人》，北京大学出版社2002年版。

［129］周宪:《中国当代审美文化研究》,北京大学出版社1997年版。

［130］朱力:《转型期中国社会问题与化解》,中国社会科学出版社2012年版。

后　　记

　　我读中小学时在两位爱好文学的堂姐那里读到了老舍、汪曾祺、陆文夫、冯骥才、刘心武等作家的市井风情小说。小说里市井细民们的柴米人生、家长里短、悲欢离合、喜怒哀乐，市民社会带着鲜明地域色彩的风土人情、掌故习俗，都深深打动了我。对市民小说的兴趣就这样培养起来并一直持续下去。读硕士和博士期间，我一直致力于对市民小说创作的跟踪与思考，自然而然地就选择市民小说作为学位论文的研究对象。本书即是在硕士和博士学位论文基础上修改、完善而成。任何文学创作都不可避免地受到所处时代的影响，市民小说也不例外。将市民小说放置在其所产生的特定的社会文化语境中进行考察，在把握其与时代语境互动关系的基础上，尽可能全面地揭示这一时期市民小说呈现出怎样的整体风貌，是我在20世纪末市民小说研究方面的基本思路。本书就体现了这一思路及我在此思路下的研究心得。

　　在本书即将付梓的时刻，除了自己著作得以面世的欣悦，更对学术和人生路途上的诸多良师益友心存感激。

　　首先，我要感谢我的硕士生导师吴义勤先生和博士生导师吴秀明先生。吴义勤老师对我的影响是全面而深刻的。吴老师的悉心指导和谆谆教诲，不仅影响了我的学术研究思维，而且影响了我的人生态度。吴老师渊博的学识、严谨的治学态度、开阔的学术视野、温厚的处世风范，都是我们这些学生学习的榜样。这些年来，吴老师和师母亲切温馨的关怀和慰勉，更是让我深深体会到人情的温暖与美好。吴秀明老师是蔼然长者，他在学术研究上的严谨、勤奋，于我具有重要的示范意义。博士论文十多万字，吴老师审阅极为仔细，不仅提出了翔实的修改意见，而且连个别误用的标点符号都清晰标示出来。在风景宜人的西湖之滨，和吴老师及同门们于青山绿水之间切磋学问，我一次次领略到思想碰撞的愉悦和学有所得的欣喜。在吴老师门下三年的求学生活深深影响了我的学术思路。

我还要感谢洪治纲、张光芒、黄健等教授,他们的指点、关心和帮助让我受益良多;他们的学术观点常常给我以思想启迪。求学和人生道路上那些相知相契、情同手足的同学、好友,同样让我难以忘怀。那些秉烛夜谈、把酒欢聚的场景,都是人生中令人感动的美好记忆,经常在我脑海中浮现。这里,我对在全国各地工作的诸位同窗和老友致以真诚的感谢和衷心的祝福,并期待我们再度相聚,一起品茗论道。

经济科学出版社的编辑老师为本书的顺利出版付出了很多心血,也在此致以诚挚的感谢。

本书作为我对 20 世纪末市民小说阶段性研究的总结,还存在不少不足之处,期待各位学界同仁批评指正。

王丽霞
2021 年 9 月 6 日于济南